I0167082

TeoEconomía

"Rico y Santo"

Gianni, Ines Cecilia
TeoEconomía : Santo y Rico : economía personal y vocación / Ines Cecilia Gianni y Victor Manuel Muñoz Larreta. - 1a ed. - Miramar : Volemos Alto, 2012.
224 p. ; 20x14 cm.

ISBN 978-987-26945-3-1

1. Autoayuda. 2. Psicología. 3. Espiritualidad. I. Muñoz Larreta, Victor Manuel II. Título
CDD 158.1

Fecha de catalogación: 09/10/2012

TeoEconomía **"Rico y Santo"**

Victor Manuel Muñoz Larreta y Ines Cecilia Gianni.

1ª ed. - Miramar: Volemos Alto, 2012.

Diseño de Tapa: Silvina Otamendi
silvinaotamendi2@hotmail.com

Diagramación interior: Julio C. Zani
www.ediciondeautor.com.ar

Impreso en Ghione Impresores SRL. www.ghioneimpresores.com.ar

Impreso en Argentina - Printed in Argentina

TeoEconomía

"Rico y Santo"

Economía Personal y Vocación

Contenido

Dedicatoria

Queremos dedicar este libro a los **pobres** y **esclavos** de una Economía atravesada por la ignorancia de las mayorías.

A aquellos que acuñan también "**espiritualidades**" que los siguen sumergiendo en la ignorancia, en la esclavitud y en la indigencia.

Con mucho amor...

Inés y Víctor Toio

Agradecimientos

A nuestro equipo de personas muy queridas:

Gracias a Shil Otamendi, por la creatividad en el diseño de cada una de las obras que vamos proponiendo.

A Julio Zani también le agradecemos su disponibilidad para ayudar en el parto de las diferentes obras con su diseño interior y su gestión con las imprentas.

Muchas gracias a todos aquellos que participan en los Talleres que vamos organizando en diferentes ciudades, y que con sus testimonios enriquecen cada obra.

Al involucrarse en crecer en sus propias vidas y al participar de estos eventos, hicieron que se fecundara nuestra vocación.

Como siempre, muchas gracias a **Dios** por marcarnos una **vocación** tan profunda, rica y hermosa.

TeoEconomía

Santo y Rico

Bienvenido querido amigo. Antes de comenzar este sendero juntos, permítenos presentarnos.

Somos Ines Gianni y Victor Toio Muñoz Larreta.

Ambos somos Licenciados en Psicología, egresados de la prestigiosa Universidad de Buenos Aires.

Tenemos estudios ulteriores y posgrados en la línea de la psicología sistémica, en logoterapia, psicología corporal, y cognitiva.

A su vez tenemos una amplia formación en el camino de vida espiritual.

Hemos desarrollado diferentes tipos de talleres a lo largo de las últimas tres décadas.

También hemos preparado varios libros y audiolibros como herramientas para permitirles a las personas perseverar en sus intentos de mejorar diferentes áreas de la vida.

Tenemos una familia hermosa, con tres hijos bellísimos que nos deleitan con sus vidas a cada momento.

Nuestro foco estuvo centrado durante muchos años en el acompañamiento y **dirección espiritual** de personas que querían encontrar un camino de vida espiritual profunda, y notamos en ese trayecto que las personas necesitan crecer en diferentes aspectos para ser verdaderamente plenas.

Por eso comenzamos a desarrollar una serie de libros, audiolibros y talleres que focalizan en diferentes áreas de tu vida, de manera de acompañarte en todos los aspectos.

Y ésta área es justamente una de las menos trabajadas dentro de las personas a las cuales les gusta la vida espiritual.

A raíz de todo ello, ni te imaginas todo lo que puede cambiar tu vida a partir de este momento.

Es que comienzas un recorrido de libertad en materia económica y vocacional que puede abrirte las puertas para la libertad en otras áreas.

¿Sabes?, varios años atrás estos conceptos los compartimos a un grupo de mujeres que eran víctimas de situaciones de violencia familiar, de esclavitud económica y afectiva de parte de sus parejas.

Queríamos brindarles las herramientas para trabajar su independencia económica para que desde allí pudieran dar saltos en materia de independencia afectiva y vincular.

Muchas de ellas estaban al lado de sus parejas que las maltrataban, y ellas no podían separarse porque no podían mantener solas a sus hijos, económicamente hablando.

Es decir que se aguantaban una situación de sojuzgarmiento solamente por no gozar de la libertad económica suficiente para alejarse de esas situaciones.

El taller les dio herramientas para afrontar estrategias de libertad económica y desde allí entonces decidir a quien quieren tener al lado suyo.

Durante ese taller escuchamos muchísimas historias de cómo la falta de libertad económica puede permitir situaciones horrendas.

Había maridos que maltrataban a sus esposas delante de sus amigos, humillándolas de todas las maneras imaginables, y ellas no tenían libertad para decir que no.

Detrás de esa situación seguramente se edificaban esclavitudes económicas y afectivas que no les permitían buscar nuevas relaciones mas sanas.

Pero con el tiempo también notamos que ciertos ambientes religiosos les proponían a esas mujeres "poner la otra mejilla" ante esas situaciones.

Una espiritualidad mal digerida, con ceguera en cuanto al acompañamiento de las personas en materia económica, puede gestar un pueblo esclavo.

Una sociedad que ignora las cuestiones básicas de administración económica puede sepultar a los ciudadanos **bajo** la **influencia** y el **poder** de aquellos que sí saben qué hacer con su dinero.

Nos entristece ver cómo dentro de las espiritualidades muchas veces se envían mensajes contrarios a la formación en materia económica.

En nuestro trayecto de 25 años dedicados al dictado de este tipo de talleres, fuimos notando que en los ambientes más religiosos, dependiendo de la línea espiritual que se siga, el tema de la economía personal y el crecimiento en ésta área, está relegado a ciertas ideas confusas.

En algunos ámbitos se predica la **pobreza**, y toda conversación sobre la intención de crecer en lo económico es tomada como una **herejía**, o como una propuesta venida de una cultura de consumismo descarnado.

Paradójicamente en estos ambientes hay numerosas personas que son esclavas de situaciones económicas o laborales difíciles y que no tienen ni idea de cómo administrarse o de cómo volcarse hacia un camino laboral que les permita desarrollar al máximo sus potencialidades, su vocación, y hasta su crecimiento espiritual.

Los criterios espirituales de estos círculos generalmente están influenciados por personas que han ingresado a comunidades religiosas en donde las reglas laborales o económicas son diferentes a las que influyen sobre una familia tipo.

En otros ámbitos religiosos se predica la **abundancia**, y todo crecimiento en lo económico es leído como un signo de bendición de Dios sobre la persona.

Pero en estos últimos ambientes, ese crecimiento tal vez está sometido a ciertas **ideas mágicas** sobre la intervención divina, y deja de lado las acciones concretas o la formación individual de la persona en el área.

Veamos un ejemplo de un matrimonio joven que recién comienza su experiencia conyugal y laboral.

Teodoro y Juliana se casan a la edad de 26 años.

Como matrimonio joven, intentan salir adelante atravesando las múltiples dificultades de un mercado laboral que exige experiencia al que no la tiene, o que desecha al experimentado para suplantarlo por una persona más joven.

Teodoro y Juliana se conocieron en un grupo parroquial de jóvenes y decidieron formar una familia cristiana que lleve adelante los principios aprendidos durante esos años parroquiales.

En el grupo de jóvenes aprendieron un montón sobre la vida espiritual, sobre la solidaridad social, sobre la vida comunitaria, y sobre ética y moralidad cristiana.

Pero ninguno de los dos sabía nada sobre cómo insertarse laboralmente, como administrarse económicamente, o sobre cómo desarrollar sus aspectos vocacionales al máximo de sus capacidades.

Para colmo, el sacerdote que los había guiado espiritualmente en sus últimos años, tomaba al deseo de crecer económicamente como casi venido directamente del **diablo**.

Por eso ellos nunca habían siquiera intentado sacar el tema en la parroquia.

Se habían casado sin ningún ahorro, y entonces alquilaron un departamento pequeño, cercano a la parroquia, que les permitiera prolongar el contacto con su grupo de amigos y continuar insertos en las actividades cotidianas de la vida parroquial.

Con los meses comenzaron los problemas.

Ninguno de los dos tenía una inserción laboral sólida.

Ambos trabajaban sin cobertura médica y tan pronto como Juliana quedó embarazada comenzaron a padecer los **circuitos médicos estatales**.

Los meses transcurrían y transcurrían, y Teodoro y Juliana estaban cada vez más alejados de la posibilidad de adquirir una vivienda propia.

A Juliana se le dificultaba continuar con sus trabajos de profesora de danza dada su condición de gravidez.

Esto repercutía aún más en su pobre economía, lo que catapultaba a Teodoro a secundar cualquier trabajo que le permitiera suplantar el declive de los ingresos de Juliana.

Así con los meses, Teodoro, que era vendedor a comisión en una pequeña agencia de autos usados, era más y más esclavo de situaciones laborales no deseadas pero que debido a su situación económica lábil y a la presión que comenzaba a tener la pareja ante el niño a punto de nacer, no le permitían tener la libertad suficiente para discernir un tipo de trabajo que vaya acorde a su vocación o hacia una situación de mayor libertad económica.

Ante esta presión su director espiritual les recomendaba a ambos tolerar la situación y **abrazar** las dificultades sin quejarse.

El consejo se basaba en la idea de que Jesús había dicho: "que cada uno cargue con su cruz y me siga".

Pero las dificultades económicas y las presiones laborales, familiares y sociales, comenzaron a roer la solidez del vínculo de los tortolitos y pronto, mucho antes de lo esperado, ya comenzaban a observarse indicadores de ansiedad extrema en ambos.

Con los meses comenzó a colarse, casi de incógnito, la idea de la **separación**...

¿Te das cuenta del proceso económico laboral que tuvo esta pareja?

Hemos visto una y otra vez historias similares. Aquí al ejemplo lo graficamos con una joven pareja, pero hemos observado las mismas dificultades en parejas de cualquier edad.

Una gran mayoría de separaciones está influenciada por presiones económicas.

Algunos no llegan a una separación por reparos religiosos o morales, pero se enfrascan en depresiones severas o en un posicionamiento de demanda ante la sociedad que los coloca en situación de total inmadurez.

Frecuentemente la **dependencia** económica genera mujeres sometidas a la violencia de sus maridos o a situaciones laborales tiranizadas.

La dependencia o esclavitud económica genera maridos frustrados en su aspecto laboral, con fuertes depresiones y con una sensación de impotencia que hasta impregna la propia sexualidad de la pareja.

Pero veamos un ejemplo que circula por el carril contrario...

Juan es un treintañero que vive solo en un barrio clásico de clase media baja.

Se había independizado a los 24 años cuando se había juntado con su pareja seis años mayor que él.

Con ella tuvo un hijo precioso a los pocos meses de mudarse juntos.

Pero al poco tiempo habían comenzado las dificultades vinculares entre ambos porque Viviana, su pareja, tenía un ingreso muy superior a él, y esto había desequilibrado la pareja.

Ella era médica en un hospital público, y sostenía la mayor parte de la economía familiar haciendo guardias de 24 horas tres veces por semana.

Así Juan se quedaba cuidando al hijo mientras Viviana trabajaba en el hospital.

Pronto Viviana comenzó a reprocharle a Juan su actitud poco madura y su falta de empuje para buscar un trabajo sólido.

Juan trabajaba en un hotel como conserje.

Era un hotel pequeño, manejado por sus dueños que eran gente muy mayor que se habían quedado congeladas en el tiempo.

A Juan sólo lo convocaban cuando tenían programado un arribo numeroso de pasajeros. Así Juan trabajaba durante esos pocos días que lo convocaban de conserje, plomero, destapa inodoros, mozo, etc.

Pero luego quedaba sin ser citado por varios días, y se instalaba en su departamento a cuidar a su hijo, lavar y planchar ropa, hacer las comprar, etc.

Al poco tiempo Viviana conoció a otro médico en el hospital donde trabajaba y se mandó a mudar con su hijo, dejando a Juan hundido en una depresión galopante y sin saber muy bien a qué se debía el fracaso vincular.

¡¡¡Toda similitud con alguna historia cercana a vos es pura coincidencia!!!

En una tarde lluviosa, Juan caminaba por el barrio casi sin advertir dirección alguna.

Su cuerpo y alma reflejaban una derrota drástica, y su mentón apuntaba al medio de su pecho absorbido por el aire de la angustia.

De pronto pasó por una Iglesia ubicada en un antiguo cine barrial. Se escuchaba adentro una música alegre, con ritmos pegadizos.

Salió a su encuentro una mujer que a simple vista le hizo acordar a su madre.

Ella lo invitó a pasar al salón prometiéndole que Jesús le cambiaría la vida y que la prosperidad irrumpiría en su cotidianidad.

Justo ese día se haría una oración de liberación económica.

Juan se dijo para sus adentros que no tenía nada que perder porque su vida era un absoluto fracaso.

Ese día realmente fue salvado por **Dios**, porque comenzó una nueva vida en el Espíritu.

¿Pero respecto de su economía personal?

Al poco tiempo de comenzar a diezmar, práctica a la cual había sido invitado con pasión por parte de los pastores de esa Iglesia, Juan comenzó a notar los milagros económicos a su alrededor que antes nunca había notado.

Ante tal asombro, decidió instalar un kiosco en una calle lateral de una de las avenidas principales del barrio, sabiendo que Dios lo bendecía en sus proyectos.

¿Dos años después...?

Juan se encontraba trabajando cerca de 80 horas semanales intentando así mantener el negocio abierto la mayor cantidad de horas posibles, incluso hasta tarde en la noche y también los domingos.

Lentamente se había **esclavizado** al local.

Ahora su "Kiosco" parecía más su Amo y Señor, que Dios mismo.

El "Kiosco" le decía a qué hora abrir y cerrar, cuántas horas trabajar, y le exigía horas extras los domingos y feriados.

Con el tiempo no se sabía quien era dueño de quien, Juan o el Kiosco.

Su economía personal había mejorado, pero su falta de formación en el área lo había llevado a esclavizarse a un trabajo que, si bien era agradable, no le permitía desarrollar otras áreas de su vida como la paternidad, la vida familiar, o la formación de una pareja.

Su crecimiento económico había quedado atorado. Le faltaba muy poco para dar un nuevo paso.

Es que hay veces que la **ignorancia** en un asunto nos puede hacer estancarnos o esclavizarnos.

Por eso aprender sobre la administración personal, sobre la vocación, y sobre cómo crecer en cualquier emprendimiento también es una tarea "**liberadora**".

Pero Juan estaba influenciado por un sistema de creencias de un ámbito religioso en el cual se pensaba que Dios interviene de una manera mágica en todo y **no es necesario aprender** para tener éxito.

Aquí tienes dos ejemplos de espiritualidades que toman posturas respecto de lo económico, y esas posturas producen diferentes situaciones.

Algo parecido pasaba algunos años atrás con la **psicología** en esos ambientes.

A los feligreses se les predicaba que Dios los sanaría y que no era necesario acudir a un psicólogo para pedir ayuda ante una situación de conflicto.

Hoy la situación cambió, y ya no se escucha con tanta frecuencia ese argumento.

Esos son ejemplos comunes que tal vez a vos mismo te sucedieron.

Así, muchos de nosotros, frecuentemente aguantamos situaciones que detestamos solamente por una cuestión de falta de libertad económica debido a una enorme ignorancia sobre el tema.

Pensamos así en los miles de personas que trabajan en situación de esclavitud horaria o salarial pero que no pueden abandonar esos trabajos porque no pueden dejar sin ingresos a su grupo familiar.

Otros se insertan en trabajos que nada tienen que ver con su vocación pero la situación de esclavitud económica los empuja a sostenerlos en contra de sus deseos.

Hilando fino...

Hay muchas situaciones dentro de la intimidad de cada grupo familiar en donde se desarrollan sutiles relaciones de dependencia o esclavitud hasta inconcientes.

Por ejemplo hay esposas que no tienen ningún tipo de posibilidad de decisión respecto de la economía familiar porque el marido es el que maneja la **billetera**.

Hay maridos que se sienten "**menos hombres**" si producen un ingreso inferior al de sus esposas.

Hay hijos que tienen que estar **rindiendo examen** con sus padres, además de en sus estudios, porque están siendo mantenidos por ellos mientras estudian en la Universidad.

Otros hijos ni siquiera pueden elegir su verdadera vocación solamente porque no tienen la independencia económica para sostener este deseo.

Hay parejas jóvenes que tienen que estar rindiendo cierta pleitesía (**sumisión y acatamiento**) a familiares que los ayudan económicamente.

En países en desarrollo como la Argentina, a los jóvenes les cuesta un gran esfuerzo lograr asentarse económicamente o alcanzar su primera vivienda.

Vos tal vez tengas en este momento ciertas esclavitudes económicas.

Este libro te aportará las herramientas necesarias para libertarte de esas esclavitudes.

Este libro puede llegar a ser un antes y un después para tu vida.

Poder compartirte estas ideas que tienen el potencial de cambiarte la vida para siempre, nos llena de entusiasmo y alegría.

Todo lo que te proponemos aquí también lo aplicamos en nuestra vida cotidiana para seguir dando pasos de crecimiento.

Los conceptos que te vamos a compartir nos cambiaron la vida a ¡¡¡nosotros mismos!!!, por eso no somos "maestros" sino "testigos" de aquello que te proponemos.

Nosotros queremos hoy introducirte en un camino de crecimiento económico sin paradas y sin perder de vista un crecimiento también en la vida interior y espiritual.

Porque creemos que se puede aspirar a la **libertad económica** al tiempo de conservar una espiritualidad profunda que nos mantenga bien unidos en el vínculo con el Creador.

Buscando nueva información...

A medida que vamos dando pasos en cualquier área de nuestra vida, siempre tendremos una visión un tanto minimizada o limitada a la propia capacidad de la experiencia personal a lo largo de los años.

Vamos acumulando conocimientos y experiencias con el tiempo, luego, en base a esos conocimientos, intentamos resolver las dificultades que se nos van presentando.

Nosotros, como matrimonio, fuimos creciendo en el área económica una vez que nos decidimos a vaciar nuestro vaso lleno para que sea llenado por la doctrina de los que saben sobre este tema.

Pero hay momentos que las personas quieren resolver un problema con la **misma mentalidad** que se tenía cuando lo causaron.

Así, por ejemplo, las parejas quieren resolver su problemas vinculares con la misma mentalidad que los llevó a tener problemas en primera instancia.

Otros quieren salir de sus dificultades económicas con la misma mentalidad, o con los mismos hábitos que los llevaron a tener problemas financieros.

A nosotros nos sucedió, que intentamos resolver nuestros problemas económicos preguntándoles a personas que nada sabían sobre ésta área.

Es muy común observar que dentro de los círculos de personas a las cuales les gusta el tema de la espiritualidad, haya líderes que responden a todas las preguntas como si supieran sobre todo.

Así hay gurúes que no sólo orientan a sus seguidores sobre cómo alcanzar a Dios sino también responden sobre economía personal, sexualidad matrimonial, sobre cómo criar a los hijos, etc.

Es como si a una estrella de fútbol se le preguntara sobre política internacional, economía, ciencia, medicina, aviación, etc.

Entonces nosotros dedicamos una gran parte de nuestra vida preguntándoles a nuestros **referentes espirituales** sobre cómo crecer en el aspecto económico y laboral, o cómo mejorar el vínculo matrimonial sin darnos cuenta que esos consejos venían de personas que nada sabían sobre esos objetivos.

Hoy, gracias a Dios, evitamos caer en ese error e intentamos buscar respuestas preguntándoles a aquellos que son referentes sobre cada área en la cual intentamos dar pasos.

Hay también hijos que les preguntan a sus padres sobre situaciones que sus mismos padres son un antitestimonio.

Hay padres que aconsejan a sus hijos sobre la vocación cuando ellos mismo están totalmente frustrados en ese aspecto.

Por eso hoy aquí comenzarás a leer conceptos que fueron formados por aquellos que son testimonio sobre lo que queremos transmitirte.

Es importantísimo entonces, que hoy te decidas a tener una mentalidad amplia, flexible, y humilde, para permitirte estar expectante a nuevos conocimientos que te admitan dar pasos en ésta área tan importante de la vida personal, familiar y social.

¡Hoy llega un tiempo de liberación para tu vida¡

Estas a punto de comenzar a profundizar un programa de inicio y perseverancia para alcanzar tu libertad económica...

Pero ¿qué es la libertad económica?...

Este es un concepto interesante que te puede llegar a cambiar los parámetros que tengas respecto de las posibilidades económicas en tu vida.

La libertad económica significa que vos tengas asegurado un ingreso mensual que cubra tus gastos cotidianos más allá de si trabajas o no.

Es decir que tus gastos estén cubiertos por ingresos provenientes de lo que se llaman **"activos"**.

Generalmente tenemos ingresos provenientes de un salario o de lo producido por un negocio o profesión.

Pero este tipo de ingreso está asociado a nuestra presencia. Si vamos a trabajar entonces cobramos el salario, si vamos al negocio o ejercemos una profesión liberal, entonces cobramos honorarios.

Pero si por algún motivo, no justificado, dejamos de trabajar o de presentarnos en el negocio, entonces el ingreso se frena de cuajo.

Veamos el ejemplo de un empleado de una empresa.

Cobra su salario en cuanto concurra a trabajar, pero si un día no quiere ir a trabajar por un mes, sin justificativos médicos de por medio, entonces ese empleado deja de recibir un salario.

Imagínate ahora a un profesional, un médico que atiende en su consultorio particular. Si un mes decide no abrir el consultorio, entonces ese mes no tendrá ingresos provenientes de ese consultorio.

Imagínate ahora al dueño de un comercio de venta de ropa, en el cual él es quien maneja la caja y gran parte de la atención al público.

Si un mes decide no ir al local, ese mes no recibirá ingresos, o tendrá que poner a alguien que lo reemplace para cubrirlo, y esa persona recibirá la mayor parte del dinero que él recibía.

En estos ejemplos puedes ver cómo esta categoría de ingresos está ligada a la **presencia** del individuo que recibe sus ingresos por estos medios.

En cambio un **activo** es un medio económico que genera ingresos más allá o no de nuestra presencia.

Para lograr una libertad económica tal que nuestros gastos estén cubiertos más allá de que trabajemos o no, necesitaremos "activos" suficientes que generen los ingresos necesarios.

Esta idea que a simple vista para algunos pareciera prácticamente imposible, no es tan difícil de llevar a la práctica como supondría cualquier persona de clase media.

Es que la clase media está acostumbrada a recibir ingresos provenientes de salarios, honorarios profesionales, o como parte de un autoempleo en un comercio.

Es más, la clase media está acostumbrada a gastar en bienes de uso común o en ahorrar para una vivienda, un auto o un viaje, pero jamás piensan en invertir en activos porque o desconocen de esta idea o suponen que la compra de activos está destinada a personas millonarias.

Hay múltiples activos, y todos suponen inversiones diferentes.

Veamos algunos ejemplos sencillos.

Se puede comenzar con muy pequeñas sumas de dinero en:

Acciones de una empresa.
Fondos de Inversión.
Forex, que son índices de monedas.
Títulos de deudas u otros productos semejantes.
Pooles de siembra.
Fideicomisos.

Otros activos requieren mayor inversión:

Vehículos para alquilar o para ser utilizados como taxis o remises.
Viviendas para alquilar.
Locales para alquilar.
Maquinaria destinada al alquiler.
Negocios o empresas que no requieran de nuestra presencia para funcionar.
Campos para arrendar.

Es decir que aquí tienes algunos pocos ejemplos sencillos que suponen diferentes niveles de inversión, pero hay muchísimos otros ejemplos que puedes observar mientras recorres la calle.

Fíjate en las máquinas de café, en las máquinas de golosinas, en las balanzas en la cual le colocas una moneda para que te diga tu peso y talla, y así podrás ver muchos otros ejemplos.

En la medida que tus ojos se acostumbren a observar activos, estos aparecerán como por arte de magia en tu vida.

¿Cómo comenzar?..

Para comenzar a dar pasos hacia tu libertad económica deberás primero empezar a adquirir activos en lugar de pasivos.

El problema comienza en la medida que tomas conciencia que tu vida está **plagada** de pasivos adquiridos y pasivos por adquirir.

Un **pasivo** es un gasto en alguna cosa o actividad que no te genera ingresos.

Si te compras un televisor mas grande y moderno, ese es un objeto que te ha generado gastos pero no te genera ningún ingreso.

Si te compras un auto, generalmente es para uso personal y por eso es un pasivo.

¡ojo!
No está mal adquirir pasivos, el tema está en adquirir también activos para luego poder costear los pasivos.

Pero hay pasivos imprescindibles, vivienda, comida, formación, salud, etc.

Por eso hay que poder administrarse de manera de tener siempre un **porcentaje** de los ingresos y destinarlo a la adquisición de activos.

Tal vez creas que tienes muy poco dinero disponible como para intentar adquirir activos.

Y tal vez pienses que sólo con un pequeño porcentaje que destines a la adquisición de activos, nunca podrás alcanzar esa cantidad suficiente que genere la posibilidad de vivir del producto de los activos.

Pero esa idea es una **ILUSIÓN** porque en la medida que comiences a apartar un porcentaje de tus ingresos para la adquisición de activos, entonces tu vida comenzará a cambiar rotundamente porque empezarás a tener dominio sobre el dinero en lugar de trabajar por el dinero.

¿El dios dinero?

En las primeras páginas de la Biblia, Dios le ofrece al hombre someter a los animales y a las cosas a su dominio.

Sin embargo pareciera que el dinero muchas veces se coloca en un lugar de señorío sobre el hombre.

Frecuentemente las personas se someten a su tiranía y sus vidas reflejan que son esclavos del dios falso del dinero.

El dinero decide:

1) A qué hora te tienes que **levantar** y **acostar**, porque marca el ritmo del día acorde a tu situación económica.

Muchas personas necesitadas, se levantan a la madrugada para encarar una rutina de trabajo que incluye largas horas de traslado, tal vez en medios de transportes precarios, con frío o calor, de acuerdo a la época del año.

A su vez hay personas que no pueden tener una cena en paz, con sus familias a la noche, porque están apurados por irse a dormir temprano porque tienen que madrugar.

2) El dios dinero puede llegar a decidir **cuántas horas** tienes que **trabajar**, porque depende de la cantidad de horas que trabajes para acceder a un nivel económico de supervivencia.

Hay personas que trabajan ochenta horas semanales sabiendo además que no pueden darse el lujo de trabajar una hora menos porque sino no llegan a subsistir.

Otros trabajan horas y horas extras para alcanzar el dinero suficiente para adquirir su vivienda o un vehículo.

3) El dinero te puede llegar a decir si tienes o no **fines de semana** disponibles.

Muchos trabajan de domingo a domingo, sin descanso, para alcanzar un ingreso suficiente para vivir un nivel de vida parecido al que desean.

Lo llamativo es que ni Dios, que es Omnipotente, ¡¡¡trabaja tanto!!!, Él se tomó el séptimo día para descansar y para observar la maravilla de su creación.

4) El dinero te dice qué tipo de **ropa** comprarte.

Muchos se compran la ropa que pueden y no la que quieren.

Hay un familiar nuestro que dice: "No hay nada más caro que ser pobre". Y en parte tiene razón porque frecuentemente las personas desearían comprarse vestimentas o electrodomésticos de mayor calidad pero no pueden porque carecen del dinero suficiente. Entonces se compran artículos de mala calidad que se estropean rápidamente.

Es llamativo ver como alrededor de los barrios más humildes, en los últimos años, se erigen edificios de tiendas de ventas de calzados deportivos, aparatos de teléfonos celulares, y motos de baja cilindrada.

Es que las personas con menores ingresos no pueden acceder a bienes más costosos como viviendas, vehículos de mediana o alta gama, o viajes turísticos. Entonces buscan a toda costa alcanzar el par de zapatos deportivos más caro, o el aparato celular más llamativo, que ni la clase media intentaría adquirir.

La clase media en cambio, intenta alcanzar la vivienda propia o el automóvil cero kilómetro, o un viaje al exterior.

Se confunden así creyendo que están adquiriendo activos.

Todo dinero que les ingresa ya está rápidamente gastado en un nuevo pasivo.

5) El dinero frecuentemente te dice a qué lugares irte de **vacaciones** (si tienes tiempo para las vacaciones).

Muchos quisieran irse de vacaciones al otro lado del mundo, para conocer nuevas culturas, pero el dios dinero les dice que sólo pueden irse a 20 kilómetros de su pueblo porque ¡¡¡no les alcanza para más!!!

En los últimos años, en los cuales hemos focalizado en éste tema, hemos conocido muchísimas personas que no se han ido de vacaciones a ningún lado por varios años por no tener dinero suficiente o por apartarlo para otras causas.

6) También el dinero generalmente te empuja a **rodearte de personas** que se encuentran en el mismo nivel económico que vos.

Hay individuos que se sienten incómodos si están con personas que tienen un peor pasar económico o si están en una reunión de personas que tienen un nivel socioeconómico más alto.

En la ciudad donde vivimos es frecuente escuchar historias de personas que no quieren bautizar a sus hijos porque no quieren ir hasta la Parroquia principal con la vestimenta que utilizan en los barrios más periféricos. Algunos sienten vergüenza de no poder vestirse para una ocasión así y prefieren no acercarse a la Iglesia central.

Generalmente el grupo de amistades más cercanas es del mismo nivel económico, y si alguno de ese grupo logra despegar de ese nivel, es frecuente que deje de estar con sus antiguos amigos.

Lo mismo sucede cuando alguno del grupo cae de su habitual nivel económico por la pérdida de un empleo, o por otras situaciones, y entonces también suele alejarse de su grupo originario.

7) El dios dinero también te dice qué **tipo de vehículo** podés adquirir.

Muchos, como diría la pastora Alejandra Estemateas, sólo alcanzan a adquirir un vehículo estilo Luis XV, es decir ¡¡¡Luis maneja y quince empujan!!!

8) El dios dinero también puede llegar a privarte de **crecer espiritualmente**.

Vemos que muchas personas no realizan actividades destinadas a crecer espiritualmente porque o no tienen tiempo para ello, por tener que estar trabajando todo el día, o porque tampoco tienen el dinero suficiente para realizar un retiro o para comprarse material como libros, o audios, que los ayuden a crecer en esta área.

9) El dios dinero te puede hacer creer que eres **libre** de él.

Hay personas que creen que tienen la virtud de no apegarse al dinero o a los bienes suntuosos, pero sus vidas reflejan una mediocridad llamativa respecto del crecimiento económico.

Esos mismos son los que luego viven quejándose porque no saben si van a tener o no una jubilación digna, o no pueden costear sistemas educativos o de salud para sus hijos.

Después dicen no estar apegados al dinero pero se la pasan trabajando todo el día para intentar sobrevivir, y tal vez en trabajos que detestan.

10) El dios dinero te puede hacer creer que eres **crecido espiritualmente**.

Dentro de los círculos religiosos católicos, en donde se predica mucho a favor de la pobreza y mucho también sobre lo negativo de la avaricia, se crea un sistema de creencias que hace sentir mal al que intenta mejorar su economía personal.

Algunos creen que no hablando del dinero o no aprendiendo sobre cómo administrarse mejor ¡¡¡se salvan!!!.

Se entiende que la Iglesia, con esa prédica, intenta emparejar las grandes brechas sociales, separadas abismalmente entre los que tiene más que suficiente y aquellos que no tienen ni para sobrevivir.

Pero hay mucha gente que no entiende el mensaje de manera clara y tienen una conciencia "omnipecaminosa" (ven el pecado en todo) al hablar de mejorar su situación económica. Por eso generalmente no intentan mejorar a nivel laboral, ni económico, ni social.

Se quedan así en una mediocridad espeluznante, con argumentos espirituales que avalan semejante imperfección.

Es que hay un estilo de vida testimoniado por San Francisco de Asís o por la Madre Teresa de Calcuta que es factible para personas que quieren seguir su camino, liberados así de un sistema socioeconómico que no los hace focalizar en cómo ganarse la vida sino en un apostolado específico.

Pero para una familia de clase media, los parámetros son diferentes.

Un padre o madre de familia comienza el 1° de cada mes sabiendo que necesita cierta cantidad de ingresos económicos para sostener dignamente a su familia.

Si carecen de la certeza para alcanzar ese mínimo necesario, entonces comienzan las dificultades emocionales y vinculares.

Las diferentes necesidades...

En los talleres que damos en diferentes ciudades y a diferentes personas de niveles socioeconómicos desparejos, solemos preguntar a cada participante:

¿Cuánto necesita para vivir por mes dignamente?

Las respuestas son llamativamente tan desparejas como sus niveles sociales.

Cada persona tiene un criterio diferente para medir lo que significa "**vivir dignamente**".

Paraponerlosnúmerosendólares,comomonedainternacionalmente aceptada, hay personas que en Argentina refieren que con 500 dólares por mes pueden vivir. En el mismo seminario hay otros que dicen que necesitan 2000 dólares por mes, otros 5000 dólares y otros 10000 dólares o más.

Pero haciendo la misma pregunta en otro seminario dirigido a empresarios de grandes compañías, sus respuestas comenzaron por 25000 dólares hasta 100000 dólares o más por mes.

Calculamos que si hacemos esta misma pregunta a grandes empresarios norteamericanos, las cifras todavía variarían más.

Es decir que hay criterios que van desde los 500 hasta los 100000 dólares por mes o más.

Para el que cree vivir con 500 dólares por mes, generar ingresos de 100000 dólares, le parece una locura.

Para el que cree necesitar 100000 dólares por mes para vivir dignamente, cuando observa al que necesita 500 dólares, le parece una indigencia.

Es decir que los **criterios** son muy **subjetivos**, y por eso son realmente muy variados.

Pero igualmente el concepto de **"libertad"** es común para todos.

Eso es lo que nos gusta de la idea de **libertad**, es una imagen y concepto bien democrático.

El que es "esclavo" económica o laboralmente, puede estar en cualquier nivel social, pero igualmente puede padecer esa esclavitud.

En cambio el que es "libre", también lo puede lograr en cualquier nivel social.

Veamos los extremos del espectro de ingresos observados en los talleres que dictamos...

El que necesita 500 dólares por mes, para ser libre necesitará activos suficientes que le produzcan esa cifra mensual.

El que necesita 100000 dólares por mes, también necesitará activos suficientes para generar esa cifra.

El problema surge cuando ni uno ni otro individuo tienen la idea de libertad y se someten a un **estilo de vida** esclavizante para intentar alcanzar el ingreso necesario.

Así cuando les ingresa algo de dinero, compran pasivos. Luego intentan mantener ese estilo de vida trabajando igual o más horas por mes.

Saben que si no producen lo suficiente no llegarán a tener cubiertas sus necesidades.

Así van esclavizándose en trabajos tal vez hasta no deseados.

En cambio, quien conoce de administración, sabe que con un poco de conocimiento puede alcanzar esa libertad económica que le permita dedicarse a su verdadera **vocación**.

Hay diferentes autores populares muy reconocidos que dan ideas sobre activos, sobre inversiones o sobre diferentes estrategias para alcanzar la libertad económica.

Algunos se focalizan en cuestiones de economía y administración de los ingresos, como T. Harv Eker o Robert Kiyosaki, y otros se focalizan en los sistemas de creencias, las expectativas sobre el futuro, o las actitudes respecto de estos temas, como Wayne Dyer, Depp Chopra, Jack Canfield o Rhonda Byrne.

Todos ellos nos han ayudado muchísimo a dar pasos en nuestro propio crecimiento, y si vos los lees también tendrás unos resultados maravillosos.

Tendrás que observar que ellos están rodeados de un sistema cultural y social que influye sobre sus sistemas de valores.

Tal vez no acuerdes con algunos de sus valores porque vos estás rodeado de otro sistema social y cultural.

Lo importante entonces será rescatar alguna de sus estrategias y adaptarlas a tu vida, a tu sistema de valores.

O tal vez con el correr de los capítulos te des cuenta que para dar pasos en tu crecimiento económico y vocacional, tendrás que cambiar muchas de las creencias o valores que hasta hoy guardabas celosamente.

Es lo mismo que si quisieras crecer espiritualmente o en la pareja. Para dar pasos frecuentemente hay que cambiar criterios y aprender de aquellos que saben sobre el tema.

Por ejemplo para **crecer espiritualmente** tendrás que comenzar seguramente con un tiempo de meditación diaria como te proponemos en el libro “Teoterapia: Sano y Santo”.

Pero apartarse unos minutos diarios para ésta tarea puede enfrentarte con otros valores que dicen que no tenés tiempo para esas cosas, que hay cosas más importantes que estar allí sentado meditando, que vale más dedicarse a “hacer” cosas que meditar sobre ellas.

¿Te das cuenta?

Para crecer espiritualmente deberás cambiar seguramente parte de estos criterios.

Lo mismo te sucederá cuando quieras aprender sobre cómo llevarte mejor con los demás, o sobre cómo mejorar tu estilo de vida y llevar una vida más saludable y plena.

En el camino de crecimiento económico y vocacional, seguramente que también necesitarás cambiar criterios.

Pero nosotros ahora queremos focalizar en los primeros pasos que tendrás que dar para alcanzar tu libertad económica sin descuidar tu interioridad.

Posando la vista en los activos...

Tal vez este concepto de los activos sea nuevo para vos o tal vez ya lo hayas escuchado con anterioridad.

De cualquier manera, habrás observado que comenzar con esta idea pareciera ser un poco difícil, y perseverar en ella, pareciera una **¡misión imposible!**

Es que para una persona que apenas le alcanza para costear los gastos de cada mes, separar una porción de sus ingresos para la adquisición de activos, no es tarea tan fácil aparentemente.

Para comenzar nosotros te proponemos tener **¡3 chanchitos!** (alcancías).

Uno para el **DIEZMO**.

Otro para el **AHORRO**.

Y otro para la **INVERSIÓN**.

El chanchito del **DIEZMO**, desde el aspecto **psicológico** te dará sensación de **abundancia** y de **contribución**. Dos sensaciones sumamente necesarias para que crezcas.

Pasarás así de un rol de "**demanda**" a un rol de "**fecundidad**" respecto de tus ingresos.

El diezmo te hace ser fecundo con los que mas necesitan. Es una sensación inmensamente rica y vale la pena que la experimentes.

Desde el aspecto **espiritual** el diezmo te hace experimentar las promesas de Dios.

En casi todos los credos se predica la idea de diezmo.

Hay una promesa del mismo Dios para que lo pongas a prueba dándole a él la primicia de tus ingresos y Él te dará el ciento por uno.

Es colocarse también en situación de experimentar la bendición de Dios respecto de los ingresos.

Haz la prueba y luego cuéntanos cómo te fue.

El chanchito del **AHORRO** es para dominar el dinero de manera de alcanzar los bienes más costosos.

Es también colocarse en un rol de **dominio** del **consumo** en lugar de estar atravesado por la distorsión de las tarjetas de crédito o de los créditos personales que te proponen acceder a los bienes sin que hayas ahorrado.

Al endeudarte sin ninguna estrategia coherente o sólo para adquirir pasivos, te vas haciendo **esclavo** del prestamista, del banco o de una tarjeta de crédito.

Al comenzar a ahorrar, se cambia la dinámica de la esclavitud y comienzas a tener una nueva estrategia importante para tu economía personal.

Los bienes serán tuyos en la medida de tus posibilidades. Así nunca perderás tu libertad.

En la antigüedad las personas **perdían su libertad** si no devolvían rápidamente las deudas a sus acreedores o si no pagaban a término los impuestos.

Hay veces que tenían que entregar un hijo o hija como esclavos como consecuencia de no haber pagado la deuda adquirida.

Hoy se reeditan esas esclavitudes con personas que se la pasan pagando toda la vida un crédito hipotecario o la cuota de un crédito personal, siempre con la presión de alcanzar el ingreso suficiente para abonar la cuota correspondiente.

Toda la legislación está siempre a favor del acreedor, y poco tiene para hacer el deudor cuando por cuestiones de enfermedad o de falta de trabajo no logra alcanzar la suma necesaria.

Hay personas que creen que son "**dueños**" de sus viviendas o de sus autos, hasta que por cuestiones fortuitas dejan de pagar la cuota hipotecaria o un préstamo prendario, y entonces viene el banco y les saca la posesión del bien. Así se enteran traumática y rápidamente quién era el verdadero dueño de la propiedad o de su automóvil.

El ahorro te ubica en un rol nuevo, el de ser verdaderamente dueño de lo que adquiriste en su totalidad.

Y el chanchito de la **INVERSIÓN** te hace tener un "**señorío**" sobre el dinero.

El dinero comienza a trabajar para vos en lugar de vos trabajar por el dinero.

Te hace colocarte en tu verdadero rol de **amo** y **señor** del dinero y te hace salir del rol de esclavo o de sometido por el dios falso del dinero.

Así el dinero se transforma en un esclavo fiel que trabajará día y noche para vos.

Mientras duermas el dinero seguirá trabajando sin quejarse. Estará contento con traerte más dinero para que siga trabajando para vos.

Por lo tanto proponemos que vuelques un diez por ciento de tus ingresos en cada chanchito.

Así, el treinta por ciento de tus ingresos quedará en el **estómago** de estos mamíferos.

Al segundo siguiente te preguntarás: ¿Cómo lograré sobrevivir con el setenta por ciento restantes, si ni me alcanza con el cien por ciento de mis ingresos?

¡¡¡Muy buena pregunta!!!

Intentaremos darte pistas.

Despejando paradojas...

Casi todos los gurúes del tema hablan de que es necesario **pagarte primero a vos mismo** si querés alcanzar la libertad económica.

La idea se sostiene porque si esperas a pagar todas las deudas y gastos del mes, para luego recién intentas colocar algún dinero en los chanchitos, entonces corres el peligro de que nunca llegues a plantarles una sola moneda.

Si bien entonces la lógica de la propuesta de pagarte a vos mismo primero es entendible, nosotros descubrimos que hay veces que pareciera enfrentarse con **cuestiones morales** paradojales.

No es que sea negativa en su aspecto moral pero creemos que deja lugar a dudas.

Imagínate que le debes a un hermano mil pesos. Y cuando cobras tu salario mensual, apartas un porcentaje para vos, para destinarlo a los tres chanchos, y cuando viene tu hermano a reclamarte su parte le dices que no te alcanza para pagarle.
Él observará que tienes dinero destinado a otros temas pero a él no le toca nada.

Si la misma situación te sucede con una entidad bancaria, la institución te iniciará acciones judiciales sin ningún tipo de reparo moral

Pero la idea de pagarte primero a vos mismo es **interesante** y **polémica**...

Por ejemplo en Argentina, en el año 2001, se había acumulado una gran deuda internacional prácticamente imposible de pagar.

Como se debía tanto dinero, lo único que se podía hacer era pagar los **intereses** de la deuda.

Pero el dinero para pagar solamente los intereses era tanto, que hasta se pedía dinero prestado para ¡¡¡pagar los intereses!!!

¿Puedes creerlo?

Imagínate que pides prestado hasta un nivel en donde ni siquiera puedes llegar a pagar los intereses de lo que debes. Entonces comienzas a pedir prestado a bancos y familiares para pagar los intereses y así tu deuda comienza a crecer más todavía.

Para tratar de cumplir, Argentina pedía prestado a todo el mundo y así su deuda seguía creciendo.

A medida que ingresaba dinero, el país pagaba la deuda a sus acreedores, y luego, con lo poco que le quedaba, intentaba solventar los gastos internos de salud, seguridad, etc.

Imagínate que pagas primero esa gran deuda y luego no te alcanza para el techo, la comida, la educación o la vestimenta de tu familia.

Te encuentras así en una **paradoja**.

O pagas la deuda, y nadie come ese mes en tu familia, o dejas de pagar y así tus acreedores te hacen juicio y te sacan lo poco que tengas.

Difícil situación ¿verdad?

Así estaba el país cuando sus autoridades en el año 2001 decidieron dejar de pagar la deuda.

Comenzó entonces una gran batalla judicial internacional iniciada por los acreedores que intentaban recuperar su dinero.

Los acreedores, cercanos al poder de potencias poderosas, también amenazaron con bloqueos de insumos necesarios para el país.

Poco a poco se dieron cuenta que ellos tampoco tenían muchas alternativas porque si intentaban presionar para cobrar, sabían que el país no les podía pagar.

Es como intentar hacerle un juicio a un deudor insolvente.

Entonces la posibilidad de crecer y después **honrar** la deuda es una estrategia interesante.

Con los años el país comenzó a cancelar sus deudas acumuladas.

Pero en la vida particular frecuentemente no podemos actuar así. En cuanto dejamos de pagar una deuda tenemos consecuencias graves que atentan con la posibilidad de seguir creciendo.

Te cortan la posibilidad de hacer transacciones comerciales, te colocan en la lista negra de los bancos, dejas de tener acceso a diferentes posibilidades económicas y te transformas en un “paria” del sistema.

Por ejemplo no podrás solicitar un crédito para encarar un proyecto productivo que te ayude a salir adelante.

Por eso, pagarte a vos mismo y luego pagar el resto de las necesidades pareciera, en primer término, ser una idea coherente pero que en muchas oportunidades no es fácil de llevar a la práctica.

Para el que tiene sus cuentas ordenadas tal vez sea una estrategia muy buena, pero para aquel que no llega a fin de mes con sus ingresos, es una tarea por demás titánica.

Por eso creemos que depende de cómo estés financieramente para saber desde dónde comenzar.

Si estas muy endeudado, pagarte a vos mismo primero es una tarea muy difícil y tal vez tendrás que manejarte muy creativamente para pagar algo de la deuda al tiempo de comenzar a invertir en activos.

Es decir que tendrás que ser muy inteligente para poder hacer las dos cosas a la vez.

Pero estés en donde estés lo primero que tendrás que hacer es comenzar a pensar en **activos** y en generar **mayores ingresos**.

Tal vez tengas un ingreso por un salario y no sepas qué hacer para generar más ingresos porque no dispones de tiempo libre para esa tarea.

Si no comienzas a pensar en cómo adquirir activos, nunca lograrás tu libertad financiera.

La libertad económica **no** se adquiere sólo aumentando tus **ingresos**.

Vos sabes que a medida que tus ingresos personales aumentan, generalmente también aumentan proporcionalmente tus gastos.

Por eso la única estrategia que te permitirá caminar hacia la libertad es con la **adquisición** de **activos**.

Por eso no importa que tan mal o bien estés económicamente, lo primero que tendrás que hacer es comenzar a adquirir activos.

Siendo creativos...

Te contamos una experiencia personal.

Nosotros somos psicólogos, y trabajamos para instituciones como el Poder Judicial de la Provincia de Buenos Aires en Argentina, con un salario y horarios determinados, y también trabajamos en diferentes horarios organizando talleres a otras instituciones educativas, empresariales, municipales, etc.

A su vez, por las tardes, generalmente atendemos el consultorio particular.

Es decir que tenemos dos fuentes de ingresos:

1) El salario, al trabajar para una institución determinada.
2) Los honorarios al organizar talleres o por el consultorio particular.

Cuando comenzamos a aprender que para ser libres financieramente necesitábamos dedicarnos a conseguir activos y a construir "canaletas" (enseguida te explicaremos de qué se tratan las "canaletas"), nos dimos cuenta que no teníamos mucho tiempo disponible para esa tarea.

Es más, si alguna tarde dejábamos de trabajar en el consultorio o dejábamos de dictar talleres, para dedicarnos a investigar en el tema de los activos, entonces **nuestros ingresos se reducían** porque dejaba de ingresarnos el dinero proveniente de la segunda fuente.

¿Se entiende?

A medida que comenzábamos a dedicarnos a la idea de los activos, nuestros ingresos se ¡¡¡redujeron!!!

Por eso lo que sigue es importantísimo para perseverar en la idea sin frustrarse en el intento...

Siempre sostenemos que para buscar activos en los cuales invertir, hay que tener **bien en claro** cuál es nuestra **vocación**.
Así se puede comenzar a invertir en activos que tengan que ver con nuestra vocación y comenzamos a unir dos cuestiones sumamente importantes para nuestra vida: la **libertad financiera** y la **vocación**.

Creemos que de esa manera nos será más fácil dedicarnos a esos activos porque estarán ligados a nuestro interior de una manera más firme.

Te contamos que nuestra vocación es crear **herramientas de desarrollo personal** que les permita crecer a personas como vos en diferentes áreas del desarrollo personal.

Por eso nosotros comenzamos a escribir diferentes libros y audiolibros que permitan a las personas perseverar en sus procesos de crecimiento.

Cuando nos enteramos del tema de los activos, decidimos invertir en nuestra vocación y comenzamos a producir libros y audiolibros, sabiendo que de esa manera estábamos dedicándonos al objetivo de crecer en nuestra libertad financiera al tiempo de secundar nuestra vocación.

Pero al principio comenzó a perfilarse un problema.

En la medida que le dedicábamos algunas tardes a la producción de este material, nuestros ingresos **disminuían** porque no nos ingresaba el dinero proveniente del consultorio o de los talleres.

¿Puedes darte cuenta de la problemática?

Pero allí no estaba tampoco el mayor desafío sino que al tiempo que dejábamos de recibir ingresos de la segunda fuente, comenzábamos a **¡gastar más!** en la producción de los audios y de los libros.

Es decir que no sólo disminuían nuestros ingresos drásticamente sino que al mismo tiempo aumentaban dramáticamente nuestros gastos en insumos, personal de edición, diseñadores, imprentas, contadores, etc.

Nosotros no teníamos una posición económicamente cómoda para poder enfrentar plácidamente ese desafío.

Por eso te contamos esta situación para animarte a avanzar porque si nosotros pudimos, ¡cualquiera puede!

Hubo momentos que hasta nuestros propios amigos o familiares nos proponían abandonar la tarea al ver que no avanzábamos económicamente.

Hasta vendimos el auto para invertirlo en la producción de ¡¡¡libros y audiolibros!!!

Es decir, nosotros predicábamos sobre la libertad económica y todos nos veían que ¡no teníamos ni un automóvil para movernos!

Estábamos en la misma posición que un obeso predicando sobre nutrición, ¡¡¡no le cree nadie!!!

Tal vez otras personas comienzan con menos dificultades porque tienen un ingreso superior a sus gastos o porque no tienen grandes deudas acumuladas.

Si es así, entonces esta primera etapa es mucho más sencilla.

Gracias a Dios nosotros comenzamos de menos cero, así ahora te podemos contar el proceso cuando la cosa es bien difícil.

Vayamos entonces a dar unos pasos...

Aceptando el desafío.

Si aceptas el desafío de comenzar a trabajar para tu libertad económica te enseñaremos a continuación cómo comenzar paso por paso.

Primer paso...

¡¡¡Decídete a ser libre!!!

Sin **decisión** es imposible avanzar.
Muchos de nosotros tomamos decisiones poco firmes.

Voy a ver si a la dieta la comienzo el lunes...
Cuando tenga dinero me iré de vacaciones...
Si me sale otra oportunidad laboral me voy de mi actual trabajo...
Si me sobra voy a ahorrar para una casa...

Así solemos expresar deseos más que tomar decisiones firmes.
Por eso el primer paso es comenzar con decisiones bien firmes.

Tomar decisiones significa cortar con cualquier otra posibilidad.
La misma palabra lo indica. Decisión viene de la raíz latina de "cortar".

Es decir que una vez que tomo una decisión, todas las demás posibilidades, por más que también sean buenas, quedan en un segundo plano.

Imagínate que al casarte con tu pareja no cortas con las "otras posibilidades". Así seguramente que ese matrimonio estará llamado al fracaso.

En el tema económico también hay que tomar decisiones firmes.

No se puede comenzar con una propuesta de libertad económica, sin la firmeza suficiente como para llevar adelante semejante empresa.

Segundo paso...

Una vez que tengas esa actitud firme comenzarás con tres nuevos amigos que te ayudarán a transformar tu vida hacia la libertad.

Los tres chanchitos...

Si comienzas con los tres chanchitos sin haber tomado una decisión firme de perseverar en la estrategia, entonces con el tiempo, tus tres nuevos amigos padecerán de ¡dos **trastornos de la alimentación**! bien jorobados.

Por un lado podrían llegar a tener **anorexia económica** porque nunca les entra ni un centavo en sus estómagos.

O, por otro lado, podrían tener **bulimia económica** porque cada mes vomitan lo poco que le pusiste para pagar otros gastos.

Por eso decídete de antemano.

Es preferible comenzar con poco y perseverar, que colocarles un montón de dinero al principio a los tres chanchitos, y poco tiempo después abandonar la estrategia.

El primer chanchito es el del **diezmo**.

Vuelca ese dinero en alguna obra de bien.

Ya te explicamos anteriormente los beneficios que el diezmo produce a nivel psicológico y a nivel espiritual.

El segundo chanchito es el del **ahorro**. Aquí puedes tener sub chanchitos. Por ejemplo tal vez ahorres para una casa, para un automóvil, para unas vacaciones, etc.

El tema es que cuando divides el ahorro en tantas cosas, puedes llegar a tener la sensación de que no juntas mucho para ninguna en particular.

Pero a lo que queremos invitarte es a construir **hábitos** de libertad económica.

Por eso por ahora solo créenos que si perseveras en estas pequeñas acciones pronto verás **milagros económicos** en tu vida.

El tercer chanchito es el de la **inversión**.

Aquí comienza por invertir en cuestiones que te agraden y conozcas, o que tengan que ver con tu vocación.

Por ejemplo si te gusta la música entonces invierte en ese tema, si te gusta el deporte entonces intenta con ese perfil.

Si te gusta el campo o algún tipo de emprendimiento especial, puedes buscar por ese lado.

Nosotros, por ejemplo, decidimos comenzar con muy poco dinero invertido en los libros y audiolibros que producimos.

De entrada no teníamos para invertir en propiedades de bines raíces, que también es un tema que nos agrada.

Cada persona tiene diferentes objetivos o vocaciones, y creemos que es bueno invertir en aquello que tiene que ver con nuestro interior, entonces así estaremos más dispuestos a aprender, a perseverar y a levantarnos cada vez que cometamos un error.

Tercer paso...

Ser flexibles.

Es bueno ir teniendo un sistema de evaluación que te permita discernir, de tanto en tanto, los cambios que necesitas hacer para mejorar.

Hay inversiones que con el tiempo notas que no dan los resultados esperados. Si te quedas pegado a inversiones así, entonces no avanzarás.

También podría sucederte que cambies de rumbo demasiado pronto y termines siendo una persona **inestable** que todo el tiempo genera nuevas ideas pero no perseveras en ninguna de ellas.

Por eso es indispensable que sepas **evaluar** el camino.

Proponerte un tiempo determinado para el proyecto es un buen inicio.

Por ejemplo uno o dos años y luego sentarte a evaluar si lograste dar los pasos esperados.

A nosotros nos ha pasado de dedicarle tres años a un proyecto que no avanzó como suponíamos que iba a avanzar. Así tuvimos la sensación de haber estado perdiendo tiempo.

Ahora intentamos evaluar con mayor precisión para no desgastarnos con proyectos infructíferos.

Cuarto Paso...

No perder el objetivo de la **libertad económica**.

Podría suceder que al crecer en tu economía personal, con el tiempo, te sientas suficientemente cómodo y abandones el proyecto de seguir dando pasos.

Crecer hasta cierto punto, y allí dormirte, podría llegar a ser un obstáculo.

Hay personas que comienzan a crecer económicamente, y al tener mayores posibilidades de adquirir todos aquellos pasivos que creen que necesitan para vivir mejor, detienen la compra de activos, se estancan, y se dedican a adquirir más pasivos.

Ampliemos la mirada...

Hasta aquí fuimos viendo que el inicio no es tan difícil. Por eso, permítenos corrernos un instante del foco económico e introducirte a una vista aérea de tu vida en su totalidad para luego volver sobre los siguientes pasos.

En este libro focalizaremos en el área de tu **Economía Personal** y tu **Vocación**, pero tu vida no trata solamente sobre ésta área.

A nosotros nos gusta observar **cuatro grandes áreas** para que crezcas en libertad en cada una de ellas:

1. Espiritualidad e Intimidad
2. Afectividad y Vínculos
3. Estilo de Vida y Disfrute
4. Economía Personal y Vocación

Cada área es importantísima, y crecer en una de ellas significa la posibilidad de dar pasos en otras.

Por eso antes de meternos más de lleno en el área de la Economía Personal y la Vocación, queremos invitarte a tener una vista más profunda de tu vida en general.

Esta vista aérea te permitirá evaluar con mayor seriedad la idea de que en la vida se necesita focalizar en varios frentes al mismo tiempo para crecer armónicamente.

Permítenos contarte un poco sobre las otras tres áreas que trabajamos en otros libros o audiolibros, y luego nos zambulliremos nuevamente en tu Economía Personal y tu Vocación.

Área del Estilo de Vida y el Disfrute...

En el volumen del Audiolibro correspondiente a ésta área y en el libro "TeoGenética: Apasionado y Santo", evaluamos cómo está nuestro **Estilo de Vida** y el **Disfrute**.

El Estilo de Vida muchas veces está asociado al aspecto económico y a la capacidad que tengas o no de sostener ciertas actividades. Pero en realidad ésta es solamente una forma de ver el área.

Por ejemplo muchas personas no han elegido con suficiente libertad el estilo de vida que llevan adelante por múltiples motivos.

La vida fue llevándolos a donde se encuentran, pero han carecido de un poder de decisión a la hora de diseñar el estilo de vida que desean.

Caminar hacia la libertad en ésta área significa elegir qué tipo de estilo de vida pretendemos, mucho más allá de las posibilidades económicas que tengamos en un momento dado.

Hay personas que no eligieron su barrio, ciudad o país donde están viviendo. Tampoco eligieron el tipo de casa, el tamaño, la arquitectura, ni siquiera eligieron con quiénes están viviendo en la actualidad.

Al focalizar también en esta área, aprenderemos a observar cómo estamos en cuanto a la calidad de vida, el descanso, las vacaciones, la energía corporal, la dieta sana.

También aprenderemos a evaluar qué **capacidad de disfrute** tenemos en las actividades de recreación que nos llevan a la alegría o a la paz.

¿Disfrutas tu vida?

Aprender a disfrutar es un ejercicio, como en un gimnasio, que requiere de cierto entrenamiento.

Puedes llegar a tener reglas internas que te sabotean el deleite.

Por ejemplo hay personas que no se permiten disfrutar de la vida si atraviesan circunstancias económicas adversas.

Dicen:

"¿cómo voy a disfrutar si estoy con esta deuda tan grande, o estoy sin trabajo?"

"Debería comprarme la casa propia antes de disfrutar unas vacaciones cuando todavía estoy alquilando".

"¿Cómo me voy a ir a disfrutar un momento de recreación si me encuentro desempleado o no me alcanza para vivir?"

Y así van atravesando la vida con reglas que no les permiten aprender a disfrutar de los ratos de diversión.

Otros no disfrutan su vida por cuestiones vinculares, afectivas o espirituales.

En los libros y audiolibros que hemos producido sobre esta área, encontrarás muchos ejercicios que te permitirán crecer en tu capacidad de disfrute y en la libertad suficiente para elegir el estilo de vida que deseas.

Al leerlos también descubrirás un nuevo mundo a través de un concepto que puede cambiarte la vida para siempre: la **Epigenética**.

Luego te contaremos de qué se trata.

Área Espiritual y de Intimidad.

Para crecer en materia económica de manera sana se necesita de una **interioridad** enorme, marcada por **valores** concretos que permitan crecer en esta área al tiempo de no descuidar las otras.

Sin valores, principios y creencias bien arraigadas, crecer económicamente puede llegar a ser un disparador parar deteriorar otras áreas de suma importancia para tu vida.

Hay personas que pierden sus mayores valores por cuestiones económicas.

Nosotros queremos que seas súper fecundo en materia económica al tiempo de ser ¡¡¡santo y sabio!!!

Otros pierden sus mejores vínculos por cuestiones económicas.

Nosotros queremos que alcances tu libertad económica al tiempo de crecer al máximo en materia vincular.

Por eso meternos en el espacio interior es un gran desafío.

Sin este paso es imposible conocerse.

En los libros y audiolibros que hemos creado para esta área, penetrarás en el **conocimiento de vos mismo**.

No se puede crecer en todas las áreas sin el conocimiento profundo de nosotros mismos.

No podemos avanzar al máximo de nuestras posibilidades en materia económica y vocacional sin tomar también este aspecto en cuenta.

Por eso en esta área tocamos un aspecto muy importante para vos que te interesa crecer económica o vocacionalmente, y es la **relación** con la espiritualidad o con **Dios**, la relación con tus valores, con la ética y con tu moral.

Porque ésta es el área en donde desarrollamos nuestros **valores** más preciados.

Los valores son también los que ordenan tus **prioridades** por niveles de importancia.

Es desde allí que decides qué es **importante** para tu vida y qué carece de importancia.

Vos tendrás tus propias prioridades:

Desarrollar tu vocación

Crecer en tu trabajo

Mejorar tus ingresos

Aprender a invertir

O también prioridades de otras áreas:

La relación con tu pareja o con tus hijos

Juntarte con amigos

Mejorar en algún deporte

Bajar de peso

Dedicar más tiempo al disfrute

U otras tantas cosas que son importantes para ti.

Cada uno de nosotros tiene valores diferentes y prioridades diferentes.

Crecer en ésta área significa saber más sobre lo que es **importante** para vos.

Una vez que tengas en claro qué es lo importante, entonces podrás intentar dedicarte a ello con mayor certeza, pero suele suceder que hay veces que le dedicas mucho tiempo a cosas carentes de importancia para tu vida.

¿Te parece que puedes ser feliz si no te dedicas a lo que es más importante para vos?

En estos libros y audiolibros intentaremos ayudarte a ordenar tus prioridades.

Los valores te ayudan a **tomar decisiones** y también a **discernir** qué es lo más importante cuando hay **conflicto de valores**.

Seguramente que muchas veces has descuidado lo importante por cambiarlo por cosas que son **urgentes**.

Eso que es urgente tal vez sea bueno, pero no tan importante como lo que realmente se encuentra entre tus prioridades.

¿Puedes darte cuenta de esta diferencia?

Por eso, crecer en esta área es importantísimo.

Nosotros le llamamos a esta área la **columna vertebral**, porque es desde donde saldrán las grandes decisiones de nuestra vida.

Veamos un ejemplo:

Conocemos muchas personas que quieren crecer económicamente.

De hecho a casi todos los que les preguntes si quieren crecer económicamente te van a responder que "si".

Sin embargo muchos no le dedican tiempo a este objetivo porque tienen miedo de perder otros asuntos importantes en el camino.

Dicen: si me dedico a ganar dinero tendré que trabajar más y voy a desatender a la familia.

Otro dicen: crecer económicamente me va a ser menos espiritual. Me convertiré en un hombre materialista.

Se producen entonces **choques de valores** que paralizan.

Esta paralización se transforma rápidamente en falta de progreso en el área económica.

La espiritualidad y la familia verdaderamente son valores importantes, pero el progreso económico también lo es siempre y cuando venga acompañado de estos otros valores importantes.

¿Te ha pasado algo similar?

Seguramente que has tenido muchísimas veces grandes conflictos de valores.

Lo que queremos alentarte es a lograr alcanzar un equilibrio en las diferentes áreas de tu vida.

Como decimos también en otros libros y audiolibros, intentaremos que consigas más “**Y(es)”** que **“O (es)**”. Es decir que crezcas en la espiritualidad **y** en la relación con tu familia **y** también que crezcas económicamente, **y** también en otros valores importantes para vos.

No necesitas caer en la trampa de tener que escoger entre cosas importantes.

Queremos que crezcas **en todos los valores** que son importantes para ti.

Es decir que lo que queremos lograr es que ganes en ¡¡¡**LIBERTAD** de elección!!!

Con estos libros y audiolibros aprenderás a discernir con mayor juicio para tomar decisiones exitosas.

También aprenderás a conocerte en profundidad para potenciar tus mayores **dones** y para erradicar tus peores **miserias**.

Área de los Sentimientos y de las Relaciones Cotidianas.

¿Cómo estarás en materia afectiva?

Para algunos no es fácil percibirse interiormente.

Tampoco es fácil notar los vaivenes emocionales.

Muchos se resisten a percibir sus emociones e **intelectualizan** la situación.

Otros se resisten **inconcientemente** a experimentar sus emociones porque temen lo que podrían encontrar.

En el libro "TeoPsicología: Libre y Santo" y en los audiolibros en los cuales nos metemos de lleno en ésta área, aprenderás a percibirte.

Esa percepción inicial te servirá para crecer en lo afectivo.

Luego aprenderás herramientas para cambiar tu mundo interior.

Si sabes cómo mejorar tu **mundo interior** entonces podrás mejorar tu **mundo exterior**.

Sin duda que al atravesar estados de ánimo positivos, con mayor frecuencia, esa mejoría te ayudará a crecer en las relaciones familiares, sociales o laborales.

También aprenderás estrategias concretas para percibir tus vínculos más cercanos.

Podrás notar la **riqueza** de alguna de esas relaciones, pero también lo **tóxico** de alguno que otro trato.

Necesitas dedicar cierto tiempo para **sanar** y armonizar aquellas relaciones que hoy no son plenas. Y tal vez necesites colocar algún límite concreto o aprender de nuevas habilidades sociales de comunicación.

Te compartiremos un conocimiento específico que te ayude a crecer en esas relaciones cotidianas.

La formación y la práctica producen frutos increíbles en la mejora de los vínculos más cercanos.

Y ahora vayamos al área que vos querés profundizar en este momento.

Área de la Economía Personal y la Vocación...

Lo que aprendas y practiques a lo largo de este libro, seguramente te va a cambiar la vida en todas las áreas.

Nos meteremos de lleno en un tema fundamental que en pocos talleres de crecimiento personal se trabaja: tu realidad **económica** y **financiera.**

Esclavitudes en estos temas, sí o sí, se traducen en esclavitudes en otras áreas.

También nos metemos de lleno en un tema clave que es tu **vocación.**

Tal vez a los 20 años el tema vocacional te despierta curiosidad.

Pero muchos de nosotros, unos años más tarde nos olvidamos del tema.

Nosotros creemos que muchas cuestiones vocacionales se pueden decidir a los 40, a los 50 o a cualquier edad.

Nunca es tarde para comenzar a dedicarse a lo que nos apasiona y atrapa.

En éste libro también comenzarás por diagnosticar tu realidad económica de manera transparente, sin resistencias ni ocultamientos.

A partir de saber cómo están tus estados financieros, entonces podrás dar pasos para alcanzar la libertad económica que anhelas.

Te compartiremos estrategias audaces de desarrollo económico que te ¡¡¡atraparán!!!

Al centrarnos en la vocación surge indudablemente también el tema de la **misión**.

Muchos de nosotros sufrimos una incoherencia entre **misión y trabajo.**

Tal vez trabajas en un lugar que detestas, o junto a personas con las cuales no quisieras pasar ni un minuto de tu vida, pero la necesidad de conseguir el dinero suficiente para subsistir te empuja a aguantar lo inaguantable.

Desde allí surgen patologías actuales como el mooving o el estrés laboral.

Las presiones que algunos jefes o dueños de negocios y empresas, ejercen sobre los empleados vulnerables, crean estas enfermedades modernas.

La verdadera felicidad en materia laboral se encuentra en trabajar en aquello que es tu vocación.

Te ayudaremos a avanzar en el tema.

Te daremos estrategias que te permitirán alcanzar la libertad económica suficiente para desarrollar tu vocación y también las otras áreas de tu vida.

¿Dedicas el tiempo que quieres a tus vínculos más cercanos?

¿Tienes tiempo suficiente de vacaciones?

¿Le dedicas al deporte el tiempo que realmente quieres?

Muchos no pueden tener estos tiempos disponibles porque tienen que dedicarse a largas jornadas laborales para juntar el dinero suficiente para vivir.

Tal vez la vida te coloca en la **paradoja** de elegir entre dos cosas muy buenas para tu vida, como lo señalábamos en párrafos anteriores.

Por ejemplo conseguir lo suficiente para vivir o crecer en las relaciones familiares.

Nosotros creemos que se puede ir por ambas cosas a la vez.

Es decir que queremos que crezcas económicamente, que crezcas vocacionalmente, que se amplíen tus tiempos de vacaciones y disfrute, que estés más saludable, más alegre, que se amplíe tu interioridad, la relación contigo mismo, y la relación íntima con Dios.

Si tienes **esclavitudes** económicas seguramente que tendrás esclavitudes en otras áreas. Y esas esclavitudes pueden ser ¡¡¡**evitables**!!!

Queremos que crezcas en libertad económica para que todo lo que sea importante en tu vida se desarrolle.

¡¡¡Pare!!! ¡¡¡Stop!!! Peligro...

Pero antes de continuar queremos advertirte lo siguiente:

Buscar la libertad en cada área pareciera ser una idea fantástica, pero suele ser ¡¡¡**peligrosa**!!!

¿Peligrosa?

¡¡¡Si, peligrosa!!!

Saber que somos esclavos en algún sentido nos genera cierto malestar.

Hay personas que prefieren la ¡¡¡**ignorancia**!!!

Muchos son esclavos a nivel económico o laboral, y soportan situaciones realmente inhumanas.

Piden prestado a usureros, tienen trabajos esclavos, son maltratados laboralmente, son ninguneados por los bancos cuando llegan a solicitar sus productos.

Otros son esclavos de relaciones vinculares enfermas, posesivas, o violentas por cuestiones económicas.

Pero hay otro tipo de esclavitudes más sutiles.

Muchos no pueden acceder a una dieta sana por carecer del dinero suficiente.

Ni hablar de los que no acceden a un sistema de salud apropiado por no poder pagarlo.

Muchos de nosotros al notar que somos esclavos nos **deprimimos**.

¿Te das cuenta que reconocer que eres esclavo puede llegar a ser un conocimiento medio peligroso?

Este recorrido que vamos a emprender puede hacerte ver las **cadenas** que antes se mantenían ocultas a tu conciencia.

Nos dedicamos tres décadas a desarrollar estos conocimientos que hoy llegan a través de este libro.

Hoy queremos meterte de lleno en un **camino de libertad** que te llevará hacia la plenitud de tu vida pero con herramientas concretas para que vayas practicando todo aquello que aprendas.

Hacia tus ideales...

Alcanzar los **ideales** es un objetivo que pocos tienen bien en cuenta. Cada uno de nosotros, como vos, tenemos **diferentes** sueños u objetivos.

Crecer en tu vocación

Salir de deudas.

Crecer en libertad económica.

U otros sueños de otras áreas como:

Tal vez deseas formar una **familia**,

O mejorar alguna **relación** con una persona cercana.

O ser más alegre.

O construir una relación de pareja más **íntima.**

Cada uno de estos objetivos es importantísimo.

Frecuentemente al focalizar en un objetivo, los otros quedan estancados o retroceden.

Por ejemplo:

Quieres mejorar tu economía, y tiempo después ¡¡¡te divorcias!!!

Quieres crecer espiritualmente y cuando te pesas, la balanza marca ¡¡¡20 toneladas!!!

¿Te das cuenta? Cada vez que elegimos crecer en un área, otras pueden llegar a deteriorarse.

¿Te ha pasado algo similar?

Por estos motivos nosotros escribimos el libro "Camino a la Libertad".

Nos había pasado que le habíamos dedicado muchos años de nuestra vida al crecimiento en el área espiritual.

Como fruto de ese recorrido escribimos el libro "Teoterapia: Sano y Santo" que tiene que ver con lo bueno que es para el aspecto psicológico crecer espiritualmente.

Nos dedicamos muchísimo al área espiritual, pero al focalizar en una sola área a la vez, descuidamos por ejemplo el aspecto económico.

En el libro Camino a la Libertad te contamos cómo el aspecto económico se deterioró.

Pero hay amigos que por dedicarse a otra área diferente también se vieron en problemas en distintos aspectos de sus vidas.

Así había personas muy espirituales que bordeaban la catástrofe en cuestiones corporales con un sobrepeso excesivo.

Otros que por crecer en lo económico se llevaban mal con todo el mundo.

Generalmente en la vida se crece en forma despareja si no se le presta atención a cada área.

Veamos una pequeña evaluación que te puede dar luces sobre aquello que te venimos contando.

¿Cómo estás en las diferentes áreas de la vida?

Intenta contestar las siguientes preguntas.

De ser posible intenta conseguir un cuaderno para el siguiente ejercicio.

Evaluación general de tu vida:

Para evaluar la vida se necesitan tener **ideales** u objetivos claros.

¿Cómo podré saber si crezco económicamente si no tengo un **modelo** sano de crecimiento en libertad financiera?

Tal vez nací rodeado de ideas como la siguiente: "las personas que crecen económicamente son corruptas o insensibles o poco espirituales".

O tal vez me encuentro atravesado por una cultura que envidia y critica al que progresa.

Con estas ideas difícilmente pueda crecer en ésta área.

Las personas que tienen ideales o modelos **claros y sanos**, suelen crecer más rápidamente.

Es imprescindible que tengas modelos sanos y también que sepas **qué es lo que verdaderamente quieres** en tu vida.

Por eso ahora te ayudaremos a realizar una evaluación muy general de tu vida para tener las ideas más claras.

Las siguientes preguntas te pueden ayudar a evaluar cada área.

A medida que leas cada pregunta, detente en aquella que quieras contestar y escribe la respuesta en tu hoja o repasa mentalmente la respuesta.

Vemos el área de la Espiritualidad y la Intimidad:

1) ¿Crees en Dios? Y si es así ¿Cómo está tu relación con Él? ¿Es íntima o distante? ¿Qué crees que piensa respecto de tu deseo de crecer económicamente? Conflictos entre el aspecto espiritual y el económico son catastróficos a la hora de buscar resultados en esta área.

2) ¿Tienes espacios diarios de reflexión, meditación u oración? No podrás ser exitoso en ninguna empresa si no tienes un espacio de evaluación y discernimiento cotidiano.

3) ¿Has hecho algún retiro espiritual o un taller de meditación personal en tu vida?

4) ¿Has intentado alguna vez realizar un taller que te ayude a conocerte mejor?

5) ¿Sabes cuáles son tus prioridades en la vida y el orden de importancia de cada una de ellas?

6) ¿Sientes que algún valor importante en tu vida ha quedado de lado, como por ejemplo la amistad, el deporte, la relación de pareja, las vacaciones, la oración, el crecimiento económico, la plenitud laboral?

Respecto del área de los sentimientos y de las relaciones cotidianas:

7) ¿Cómo están tus estados de ánimo cotidianos? La inestabilidad emocional sí o sí afecta a la estabilidad en esta área de la economía personal y la vocación.

8) Por eso ¿Tienes altibajos emocionales?

9) ¿Has notado alguna tendencia hacia la depresión o hacia la ansiedad, en los últimos meses o años?

10) ¿Cómo están tus relaciones cercanas, íntimas, familiares, sociales, laborales?

11) ¿Cómo es la relación contigo mismo, es decir tu autoestima?

12) ¿Te amas a vos mismo, o te reprochas y castigas cotidianamente por algunos errores o fracasos anteriores?

Respecto del área de tu Economía Personal y tu Vocación:

13) ¿Cómo está tu economía personal? ¿Sabes hacer un balance semanal o mensual?

14) ¿Eres generador de oportunidades económicas y laborales para otros o estás en una situación más bien de demanda laboral y económica?

15) ¿Sabes de qué se trata alcanzar la libertad financiera, invertir en activos y dejar de comprar pasivos?

16) ¿Tienes alguna estrategia de crecimiento económico?

17) ¿Te dedicas a tu vocación, si es que realmente conoces de

qué se trata, o estás en un trabajo que nada tiene que ver con tus deseos?

Respecto del área del Estilo de Vida y el Disfrute:

18) ¿Tienes libertad para elegir el estilo de vida que deseas y mereces, o tienes esclavitudes económicas que no te permiten acceder a ese estilo?

19) ¿Tienes un estilo de vida que te otorgue una energía desbordante que te permita crecer en esta área, más allá de tus limitaciones físicas?

20) ¿Mantienes el peso corporal adecuado que te facilite también tener la energía para crecer en otras áreas?

21) ¿Tienes el descanso necesario o vivís en un mundo estresante y lleno de ansiedades?

22) ¿Te vas de vacaciones de vez en cuando?

23) ¿Disfrutas tu vida o la padeces?

24) ¿Realizas algún tipo de ejercicio o deporte?

25) ¿Vives en el barrio, ciudad, o país que elegiste libremente o simplemente estás donde algún día aterrizaste?

En estas 25 preguntas están reflejadas las cuatro áreas generales. Al contestarlas estarás sacando una **radiografía** general de tu vida.

Evaluar cómo estás es importantísimo para luego aprender a dar pasos en cada área de acuerdo a lo que te iremos compartiendo.

Es maravilloso comenzar sabiendo cómo estas, por eso detente por unos minutos y luego de la evaluación nos volvemos a encontrar.

¡Bienvenido nuevamente!

Si quieres crecer económica y vocacionalmente, o quieres tener un cuerpo más saludable, o quieres escalar las alturas de la mística espiritual, tienes que focalizar y prestar atención a cada una de estas áreas y saber exactamente cuáles son tus mayores virtudes para secundarlas y cuáles son tus peores defectos para extirparlos.

En la medida que vamos creciendo en conocimiento de nosotros mismos se comienzan a ver con mayor claridad las maravillas que llevamos dentro pero también observamos los defectos más ocultos.

¡¡¡¿Te diste cuenta con la evaluación que alguna de tus áreas necesita cierta atención?!!!

Si es así ¡te felicitamos!

Ahora es tiempo para comenzar a dar pasos de crecimiento y libertad.

La palabra LIBERTAD...

Este libro está muy unido al AUDIOLIBRO que hemos titulado: "Taller **Para Caminar Hacia la Libertad**".

Aquí hay una palabra clave llamada "libertad".

Hay muchas ideas respecto de esta palabra.

Déjanos compartirte **qué** entendemos nosotros por **libertad** en cada área.

La idea de libertad es importantísima para poder seguir adelante en los próximos capítulos.

Prepárate porque somos de volar ¡¡¡bien alto!!!

Hay un dicho que define esta idea:

"Apúntale a las estrellas si quieres
acertarle a la montaña"

El **ideal** de cada área te hará deducir qué entendemos por libertad en cada aspecto.

Estas definiciones también las encontrarás en otros libros que hemos escrito porque para nosotros son fundamentales para saber hacia dónde apuntar.

Libertad en la Economía Personal y en la Vocación...

En el área de la Economía Personal y la Vocación los ideales son la **libertad económica** y también **unir** tu **vocación** al **trabajo**.

Cuando hablamos de libertad decimos de tender hacia una situación en donde no necesites someterte a trabajos esclavizantes para alcanzar un ingreso que te permita vivir dignamente.

Aprenderás en este libro lo que significa la independencia económica y cómo alcanzarla.

Con esta libertad entonces podrás trabajar al ciento por ciento en tu misión y en tu vocación.
Unirás tu vocación al trabajo.

Libertad es también lograr la **fecundidad económica** no sólo para abastecerte a ti mismo, o a tu entorno más cercano, sino también para generar oportunidades para otros.

Es decir que el ideal es atravesar la vida desde un lugar de **demanda** hacia un lugar de **fecundidad** económica.

¿Qué tal? ¿Te gustan estas ideas?

Entonces sigamos adelante...

Libertad en el área de tus Sentimientos y tus Relaciones Cotidianas...

En el área de la Afectividad y los Vínculos los ideales son los siguientes.

Paz interior y alegría, en cuestiones que tengan que ver con tus sentimientos.

Es diferente a estar atravesado por emociones de depresión o ansiedad, ¿verdad?

Vivir con alegría como estado habitual de tu interior.

Que la alegría sea parte habitual y cotidiana de tu día a día no es una utopía sino un ideal deseable y alcanzable.

Y por otro lado la **armonía y fecundidad** en las relaciones cotidianas, tanto en lo personal, como en lo familiar, en lo social y en lo laboral.

Es también despojarse de tus **relaciones enfermas o tóxicas**, sanándolas o construyendo nuevas relaciones en base a modelos sanos y fecundos.

Es ubicarte en el **rol** al cual estás llamado a ejercer en los diferentes ámbitos de tu vida familiar, social o laboral.

Colocándote allí donde tu vida sea más fecunda.

Libertad Espiritual y en tu Intimidad...

En el área Espiritual y de Intimidad el ideal es la **santidad** y la **sabiduría**.

La **santidad** es sinónimo de haber alcanzado el máximo crecimiento posible en tu vida espiritual e interior.

Es transformarse en un modelo de **coherencia** entre aquello que crees con aquello que vivís.

Es mantener una **armonía interior** entre tu fe y tu estilo de vida.

Es también sinónimo de **fecundidad espiritual**.

Quien es fecundo logra engendrar obras sabias y santas como fruto de su crecimiento interior.

La Santidad es una palabra súper hermosa, pero hay veces que se le teme porque pareciera ser un ideal demasiado alto o lejano para la mayoría de las personas.

Nosotros creemos que tenerla como ideal ayuda a saber cuál es el norte a seguir, pero si te asusta demasiado, puedes utilizar esos "sinónimos" que te hemos puesto allí como forma de familiarizarte con los ideales de libertad.

Entendemos **sabiduría** como sinónimo de **conocimiento perfecto de vos mismo**.

Es comprender las maravillas, **dones y carismas** que llevas dentro.

Es también el conocimiento perfecto de tus **imperfecciones** y las raíces de ellas.

Son ideales bien altos y por eso tal vez te sorprendas, pero queremos alentarte a mirar bien alto en tu vida.

¿Qué tal? ¿Qué te parecieron estos ideales?

Sigamos entonces con la siguiente área.

Libertad en tu Estilo de Vida y tu Disfrute...

En el área del **Estilo de Vida** y el **Disfrute** los ideales son:

Por un lado una **calidad de vida** que te permita alcanzar tu máximo potencial.

Es imposible crecer en las otras áreas si el estilo de vida no acompaña ese proceso.

"Calidad de vida" significa vivir en plenitud, porque la vida merece ser vivida así.

Y el ideal del **disfrute** es la **alegría** y la **pasión**.

Es la posibilidad de vivir la riqueza de **cada momento**, de cada presente.

Alcanzando la certeza de que tu vida está construida por ese eterno presente.

Si esos momentos están empapados de alegría constante, tu vida se transformará en maravillosa.

La vida merece ser vivida con **pasión**, con **abundancia** y con **fecundidad**.

¿Qué tal? ¿Qué te parecen estos ideales? ¿Son magníficos, verdad?

Todos estos ideales son deseables y **alcanzables**.

El mundo actual suele **matar los grandes ideales**.

Hay muchas ideas socialmente instaladas que ahogan sueños en base a pensamientos lógicos que parecieran ser más "reales" o "prudentes".

Pero la lógica muchas veces no es amiga de los grandes ideales.

Por eso, por ahora sólo te pedimos que levantes tu vista hacia lo alto.

Luego vendrá el tiempo de saber cómo alcanzar tus mayores anhelos.

Tres etapas de crecimiento...

Ahora veamos las tres etapas que necesitas atravesar para llegar a los objetivos más importantes de tu vida.

Estas tres etapas se dan en cualquiera de las cuatro áreas.

La primera etapa que tendrás que atravesar para llegar a tus sueños, se llama "**Sacar agua del Pozo**".

Es el **esfuerzo inicial** que tendrás que realizar al principio.

Así generaras los hábitos que se requieren para crecer.

Es también **vencer** las **primeras dificultades** para continuar creciendo.

Es también la **perseverancia** en aquello que te propones hasta que los **hábitos** se vuelvan **ordinarios** y habituales.

Es una etapa que requerirá de mayores **esfuerzos** personales y de la **disciplina** para perseverar.

Hay personas que **abandonan** la tarea antes de alcanzar el máximo de esta etapa.

Muchos son tan **inestables** que no pueden perseverar ni siquiera en ¡¡¡aquello que anhelan!!!

Otros **no saben** qué quieren, por eso tampoco desarrollan hábitos que los acerquen a sus deseos.

Otros desarrollan hábitos que los llevan en dirección ¡¡¡contraria a sus ideales!!! ¿Puedes creerlo?

Siguen los consejos de los que en materia económica, por ejemplo, fracasaron una y otra vez.

Otros desarrollan hábitos que no **son fructuosos** para nadie.

Es el típico padre frustrado que quiere que su hijo siga por la misma senda aunque a él mismo esa senda lo llevó a la ruina o a la queja diaria.

Los **modelos** o referentes nos otorgan una imagen más acabada de aquello que queremos alcanzar.

Nos preguntamos si tienes algún modelo para cada área o estas como un velero a la deriva...

Pero... siguiendo adelante...

Por eso en esta etapa es necesario **insertar** en nuestra vida hábitos virtuosos y fructíferos, que nos acerquen a nuestros ideales y anhelos.

Aquí los **inestables** y **rebeldes** generalmente dejan y abandonan la perseverancia, aun sabiendo que con ello asesinan sus mayores anhelos.

La segunda etapa se llama "**construcción de canaletas**":

Es una etapa en donde **no** se requiere de grandes esfuerzos.

Se necesita **si**, en cambio, de la habilidad de un **ingeniero** para diseñar y construir un formato de vida en donde avancemos hacia nuestros ideales más cómodamente e inteligentemente.

Por eso, en esta etapa, es imprescindible contar con un conocimiento más **sofisticado** sobre las últimas técnicas de desarrollo de cada área.

En esta etapa no servirá tanto el esfuerzo sino el **conocimiento** y la **docilidad.**

Habrá que dejarse acompañar por los modelos o referentes que nos enseñan las estrategias que en ellos dieron fruto.

Habrá que aprender sobre los hábitos, creencias y sentimientos de esos referentes para poder imitarlos.

Es indispensable entonces contar con verdaderos referentes y modelos de cada área, que sean testimonio de aquello que queremos alcanzar.

Luego será necesario construir las canaletas que hagan correr el agua sin tanto esfuerzo.

En la tapa anterior había que sacar agua del pozo, es decir con mucho esfuerzo.

En esta etapa el esfuerzo está en construir canaletas para que luego el agua corra sola.

Pero cuando hablamos de modelos hacemos referencia a lo siguiente:

De nada servirá por ejemplo ir a preguntarle a nuestro mejor amigo, que se lleva mal con todo el mundo, que nos aconseje sobre cómo mejorar nuestros vínculos cercanos.

Tampoco servirá ir a preguntarle a un conocido que vive en una depresión crónica sobre qué hay que hacer para vivir en la alegría constante.

Hay veces que recurrimos a personas cercanas o conocidas para solicitarles consejos en aquello que no son testimonio.

Y lo peor es que siempre hay alguien dispuesto a opinar como si supiera de estas cosas sin haberlas vivido primero.

Como siempre hay algún conocido totalmente inestable emocionalmente que te quiere dar consejos sobre tu vida afectiva.

Hay otros que nos son testimonio de libertad y fecundidad económica pero estarán dispuestos a opinar sobre estos temas como si lo fueran.

Todos ellos seguirán siendo nuestros amigos y los queremos mucho, pero ahora habrá que prestar atención a lo que nos aconseja aquel que vive el ideal que perseguimos.

Tendremos que estar más atentos, querido amigo, para comenzar a buscar los modelos que realmente viven aquello que nosotros anhelamos.

Todo lo que aprendas en este libro está basado en aquellos que han utilizado estos conceptos e ideas y dieron mucho fruto.

Sabemos que tal vez te sea muy difícil encontrar referentes cercanos, por eso en éste libro te hablaremos sobre aquello que nos enseñaron **nuestros referentes**, y seguramente que esos conceptos te van a ser súper útiles a ti también.

La tercera etapa se llama "**lluvia o fecundidad".**

Es la etapa en donde lograrás alcanzar tus objetivos, anhelos y sueños y te transformarás en modelo para **otros**.

Es la etapa en donde vivirás aquello que predicas, y la coherencia será tal que la **fecundidad** superará tus expectativas.

Engendrarás obras que van más allá tu propia capacidad humana.

Si bien a nuestro alrededor son pocos los que han alcanzado tamaña altura, el llamado es **para todos**.

Por eso querido camarada está en vos disponerte a hacer todo lo necesario para avanzar en cada área de tu vida hasta los ideales máximos, allí donde pocos se atreven siquiera a soñar.

En los próximos capítulos te presentaremos conocimientos nuevos y una serie de ejercicios que te permitirán comenzar a desarrollar todo lo necesario para avanzar.

Está en vos mantener una **"determinada determinación**" para lanzarte y sostener todo aquello que te propongas.

Estos últimos párrafos nos ayudaron a compartirte los conceptos generales sobre las cuatro áreas y sobre las tres grandes etapas.

El siguiente capítulo te introducirá en la etapa de sacar agua del pozo en tu Economía Personal y en tu Vocación.

Pero antes de pasar adelante, queremos desafiarte con una pregunta muy importante.

¿Cómo te sentís cuando te proponernos la libertad en todas las áreas y te llevamos hacia ideales tan altos para tu vida?

¿Qué es lo que pasa por tu interior cuando se despierta el deseo de ser libre?

¿Puedes darte cuenta que tienes capacidad para crecer en lo espiritual, en lo afectivo, en lo vincular, en lo económico, en lo vocacional, en el estilo de vida, y en la alegría y en la pasión del disfrute?

¿Cómo está tu sistema de creencias?

¿Tus creencias te limitan o te permites comenzar a construir un mundo nuevo?

¿Hay lugar en tu presente para soñar con construir relaciones íntimas y fecundas, una espiritualidad que te haga desarrollar alas de águila, una economía personal que te permita alcanzar tus anhelos y sea fecunda para otros, y un estilo de vida que acompañe ese crecimiento?

Iremos bien alto amigo, prepárate para ¡¡¡despegar!!!
Permítenos conducirte hasta tus propios anhelos.

Prepárate para ser feliz y vivir la vida en su ¡¡¡máxima plenitud!!!

¡¡¡Viví tu vida con plenitud!!!

Sacar Agua del Pozo

¡Hola! ¡Bienvenido nuevamente!

Ahora vamos a **zambullirnos** en profundidad dentro del área de tu Economía Personal y tu Vocación.

Sabrás a esta altura que en la vida hay diferentes áreas de importancia, y cada una de ellas requiere que se le preste atención para crecer armónicamente.

También es muy importante tener un espacio íntimo para poder ir conociéndote, de manera de vislumbrar con mayor claridad tu potencial.

Por otro lado también es súper importante poder tener ideales en cada área que te permitan **levantar vuelo** y salir de una posible **mediocridad**.

El ideal para esta área es, en el nivel de la economía personal, la **libertad financiera**, y en el nivel del ámbito del trabajo, el desarrollo de tu **vocación** y de tu **misión**.

Son ideales que si bien son muy altos, permítenos compartirte que son más fácilmente alcanzables de lo que te imaginas.

Pero ahora veamos desde dónde partimos en el área económica laboral.

Focalicemos por unos instantes en el primero de los ideales u objetivos, la **libertad financiera**.

Libertad financiera...

La libertad financiera significa que tus gastos cotidianos no necesitan estar sostenidos por una actividad esclavizante sino que son mantenidos por la fecundidad que producirás a través del desarrollo de fuentes de ingresos que no dependen exclusivamente de tu actividad laboral.

Es decir que si por alguna situación particular o especial, dejaras de trabajar, el ingreso igualmente se produciría para cubrir la totalidad de tus gastos diarios.

A esta nueva fuente de ingresos en la jerga económica se los llaman **activos**.

Son por ejemplo:

- Disponer de propiedades en rentas.
- Negocios o comercios que no dependan de tu presencia para continuar con su actividad.
- Acciones de activos similares, que se generan en empresas.
- Derechos de autor por libros, audiolibros, canciones.
- Regalías por la generación de algún producto o empresa que se replica en diferentes lugares.
- Y muchos otros...

Generalmente es difícil invertir en este tipo de "activos" porque estamos ocupados en generar los ingresos suficientes para sostener nuestro estilo de vida, y poco nos sobra como para disponer de un capital de inversión.

Frecuentemente utilizamos el **sobrante**, ¡¡¡si es que lo hay!!!, en ahorros para algún objetivo de mediano o largo plazo, como la adquisición de la primera vivienda, o para ampliar la que ya tenemos, o para sustentar la posibilidad de una futura jubilación.

Es decir que no nos queda nada para la inversión.

Tal vez alguna persona invierta en activos como los sugeridos, pero generalmente lo hace con el sentido del **ahorro** y **no** de la **inversión**.

Ahorro significa acumular algo de lo generado, es decir que trabajamos para acumular dinero para algún fin específico: las vacaciones, un auto, la vivienda.

Inversión significa poner a trabajar el dinero para nosotros.

Fíjate que hay una **diferencia** enorme entre ambos conceptos.

Para nosotros, tener **señorío sobre el dinero** es hacerlo trabajar para nosotros y no al revés.

El ahorro no es algo negativo porque habla de una buena administración, pero la inversión nos coloca en un rol diferente, en un lugar de **señorío** sobre el dinero que nos aleja de la situación esclavizante de tener que estar generando ingresos a fuerza de pulmón para sostener nuestros gastos.

En la clase media esta filosofía pareciera ser de "otro mundo" porque generalmente hemos crecido bajo las siguientes fórmulas...

"Trabaja duro para generar los ingresos suficientes para sostenerte"

"Si te sobra algo ahórralo para agrandar tu casa, o para mejorar tu auto, o para enviar a estudiar a tus hijos a una buena universidad, o para una futura jubilación que te permita retirarte a alguna edad digna".

Por eso las primeras cuatro etapas del crecimiento en esta área girarán alrededor de estas ideas.

Es muy común que crezcas bajo estas **fórmulas** que **socialmente** están sostenidas por un sinnúmero de creencias populares, y **reforzadas** por numerosísimos referentes que nos invitarán a seguir su ejemplo.

Nosotros luego intentaremos proponerte **otras fórmulas** que nos parecen más fecundas y fructíferas, y que te harán ganar en libertad para dedicarte a tu vocación con mayor firmeza.

Aunque estés bien y cómodo en materia económica, seguir creciendo es fundamental, de manera que no sólo te abastezcas tú, sino que seas una fuente de **oportunidades** para **otros**.

¿Cómo son tus números?...

Déjanos preguntarte sobre cómo estas en materia de economía personal.

Ésta pareciera ser una **pregunta sencilla**, pero frecuentemente no estamos preparados para contestarla de manera certera.

Solemos tener ideas vagas sobre nuestras finanzas, pero no números ciertos y datos seguros sobre cómo estamos en este sentido.

Hacer un **balance** económico es importantísimo para luego saber qué tipo de decisiones tomar.

Hacer un balance económico es una tarea que pocos sienten gusto al hacerla.

Son números aparentemente **fríos**.

Sin embargo la economía personal generalmente está bien **caliente** por estar atravesada por **pasiones** que movilizan esos números.

Los números hablan de esperanzas, frustraciones, limitaciones, comodidades, gustos, desgracias, ilusiones, lujos, reveses, satisfacciones.

Y cada una de estas palabras es una historia y un mundo dentro de cada persona.

Por eso tocar el mundo de las finanzas personales es como tocar la **intimidad** de la persona. Y arriesgarse a meterse con semejante intimidad es tarea sólo para los muy **valientes**.

Por eso hoy te invitamos a buscar un lugar cómodo y luego realizar un balance económico de tu realidad actual.

Ese balance se puede expresar en una planilla bastante simple que tenga en cuenta tus circunstancias cotidianas.

La mejor forma de diseñarla es **adaptando** la planilla a **tu vida** y no tu vida a la planilla.

Dividiremos una hoja en **dos columnas** verticales.

En la columna izquierda colocarás todos tus **ingresos** de acuerdo a las diferentes formas que tengas de generar ingresos.

Por ejemplo si tus ingresos mensuales sólo vienen de una única fuente, como por ejemplo la salarial, entonces en esa columna sólo pondrás ese ingreso.

Tal vez tengas otros ingresos más pequeños por alguna renta, alguna pensión, algún dividendo de acciones, etc.

Coloca en esa columna todos los ingresos que tengas y luego al final de la columna haces la sumatoria total por mes.

Para algunas personas esta sumatoria no es representativa porque sus ingresos sufren grandes modificaciones a lo largo del año.

Quien trabaja en zonas turísticas sabe de qué hablamos. Durante la temporada alta de turismo sus ingresos escalan a números altos y luego durante la temporada baja los números cambian de manera drástica.

Por eso en este tipo de casos, lo mismo que el que vive de lo producido en el campo, o de emprendimientos con fuertes variaciones estacionales, tendrá que hacer un **promedio mensual**.

Es decir que tendrá que sumar los ingresos anuales y luego dividirlos por doce meses.

Estas variaciones tendrán que ser tenidas en cuenta a la hora de desarrollar estrategias de crecimiento, como veremos más adelante.

INGRESOS	
Salario:	
Rentas:	
Dividendos:	
Total:	

¡Muy bien!, hasta ahora tenemos la columna izquierda con el detalle de los ingresos habituales.

La columna derecha es un poco más difícil porque en ella volcaremos todos los **gastos**.

Suele ser más difícil realizarla porque generalmente los gastos son bien diversos, e incluyen múltiples áreas.

Por eso las subdividiremos, de manera de prestar atención a las diferencias en las naturalezas de esos gastos.

Por ejemplo en nuestro caso la planilla esta subdividida en los siguientes campos:

Gastos cotidianos **fijos**: en los cuales se incluye alquileres, gastos de educación de los hijos, sueldo de alguien que trabaje en nuestra casa en la limpieza o cocina, gastos de salud fijos, y cualquier otro gasto fijo cotidiano.

Gastos cotidianos **variables**: comida, limpieza, medicamentos, o extras.

Servicios: seguro del auto, luz, gas, celulares, teléfono fijo, Internet, etc.

Impuestos: jubilación, tributos municipales, provinciales y nacionales, matrículas profesionales, etc.

Trabajo: combustible o comidas para concurrir diariamente al trabajo.

Porcentuales: por ejemplo diezmo si estamos acostumbrados a hacerlo, ahorros, o inversiones.

Deudas de créditos: cuota de créditos personales o hipotecarios, cuota de ahorro de un automóvil, etc

Deudas de bancos: pago mínimo de cada tarjeta de crédito, mantenimiento de cuentas bancarias, intereses por financiamiento de deudas de esas cuentas, etc.

Deudas personales: deudas a alguna persona en particular.

Otro tipo de gastos: todo lo que no hayas encontrado en un espacio específico para volcar

Luego al final de la columna, ¡¡¡si te queda lugar!!!, pondrás la suma total.

INGRESOS	GASTOS
Salario:	Gastos Fijos:
Rentas:	Gastos Variables:
Dividendos:	Servicios:
	Impuestos:
	Trabajo:
	Porcentuales:
	Deudas Créditos:
	Deudas Bancos:
	Deudas Personales:
	Otros Gastos:
Totales:	Totales:

Tendrás que tener en cuenta también que posiblemente tengas gastos **estacionales** como pasaba con los ingresos, por lo cual deberás volcar el promedio mensual de esos gastos.

También notarás que posiblemente en estos ejemplos no tuvimos en cuenta muchas particularidades de tu situación actual. Es que es imposible tener una planilla que sirva para las diferentes situaciones de cada uno. Por eso esta planilla fue sólo un ejemplo para que luego tú la adaptes a tu situación particular.

Tómate un **buen tiempo** para desarrollar la planilla, de manera que alcances un nivel de certeza de cómo se expresan todos tus ingresos y gastos mensuales.

Luego nos volvemos a encontrar.

Bienvenido nuevamente.

Ahora estarás observando una planilla que expresa fríamente una realidad no tan fría.

De ella podrás obtener diferentes conclusiones.

En ella seguramente que estará volcado un sistema de creencias familiar o social que te hizo colocarte en la situación actual, tanto si estas al borde de la quiebra como si estás holgado, económicamente hablando.

Por eso observar este panorama actual también te servirá para tomar las decisiones que tengas que tomar una vez que aclares tus ideales en materia financiera.

Por ahora sólo tenemos una realidad en la planilla, y es nuestra situación actual.

Ahora veremos juntos hacia donde vamos.

Un velero necesita saber de dónde viene y hacia dónde ir, si quiere tener un viaje placentero. No es suficiente con saber de dónde viene. Si no, puede pasar que el velero se quede dando vueltas en algún lugar del océano sin saber hacia dónde dirigirse.

Es importantísimo saber qué quieres en materia financiera.

¿A dónde quieres llegar?

¿Cuáles son tus objetivos y metas?

La mayoría de las personas no tiene la más mínima idea sobre estas respuestas. Es que en materia económica vamos frecuentemente andando según nos va yendo en la vida.

Las estrategias económicas se reducen normalmente a buscar **aumentos** de salarios o una mejor facturación mensual, en el caso de poseer algún negocio o profesión particular.

Corrientemente las personas intentan estas maniobras con el objetivo de generar **mayores ingresos** que le permitan alcanzar algún tipo de bienestar en la vida cotidiana.

Es decir que ese aumento de salario o de facturación se **volcará** finalmente en algún **gasto** para comprar algún objeto para mejorar la calidad de vida, o para algún viaje, o para renovar la casa, etc.

Por eso, todo **aumento en el ingreso** está orientado generalmente a un **aumento en el gasto**.

Es decir que si quieres una estrategia más eficaz para el desarrollo económico deberías comenzar por saber con mayor certeza **cuáles son tus objetivos** en materia financiera.

Levantando el techo...

Aquí comienza una nueva discusión temática.

Es que la mayoría de las personas tienen como objetivo lograr cierta capacidad económica para abastecer a su grupo primario, y no mucho más.

Este tipo de metas son un tanto **limitantes**.

Nosotros tenemos un dicho que dice así: "apúntale a las estrellas si quieres acertarle a la montaña".

Por eso levantar los ideales económicos es fundamental para crecer en esta área.

Pero aquí comienza una parte de nuestro interior a **recriminarnos** con todo tipo de cuestionamientos morales sobre si está o no bien mejorar tanto económicamente.

Es que si uno observa la miseria y pobreza que hay a nuestro alrededor, es hasta impúdico pensar en crecer tanto en materia económica cuando hay muchos que no tienen siquiera para subsistir.

Y este tipo de planteos frena o sabotea cualquier elaboración que hagamos en materia de crecimiento económico.

Pero digamos algo bien claramente: está muy bien plantearse estas dudas, porque el crecimiento sin valores morales o interiores que nos guíen, es como darle una navaja a un ¡¡¡mono!!!

Por eso es indispensable primero tener **valores firmes** que nos guíen pero, de cualquier manera, en algún momento habrá que responder las preguntas anteriores o podemos correr el riesgo de quedarnos estancados.

En nuestra elaboración, creemos que a medida que crecemos económicamente también tenemos la posibilidad de ser más fecundos en nuestra generación de oportunidades económicas para otros. En cambio si sólo abastecemos a nuestro entorno más cercano, muchos otros se quedarán sin nuestra fecundidad.

Si tengo capacidad y vocación para generar, por ejemplo, una empresa multinacional, sabiendo que esta vocación también va a nutrir, y no a afectar, las otras áreas de mi vida, ¿por qué entonces quedarme con un quiosquito instalado en el garage de mi casa?

Si tengo la posibilidad de seguir creciendo y generar oportunidades para otros, no hacerlo, para nosotros, es coquetear con la **negligencia**.

Entonces, que los límites me los ponga la propia vida y no mis creencias limitantes.

¿El derrame...?

Hay una teoría del "**derrame**" que dice que a medida que las empresas generan mayores ganancias, ese excedente luego se vuelca a las clases sociales necesitadas.

Los que vivimos en países en desarrollo como la Argentina, sabemos que este supuesto muchas veces no ocurrió como plantea esa teoría. Las empresas frecuentemente se llevaban el "excedente" a otros mercados más rentables.

Sin embargo hay siempre una gran cantidad de empresas que sí invierten en la región, empresas que si tomaran la decisión de no crecer más, dejarían sin oportunidades laborales a muchos.

Por eso es siempre saludable en materia personal seguir dando pasos de crecimiento en todas las áreas: en lo espiritual, en lo afectivo, en las relaciones cotidianas, en el estilo de vida, etc.

Y para desarrollar objetivos económicos saludables primero tendrás que observar tus creencias sobre el dinero, la riqueza, la pobreza, la abundancia, la escasez.

También tendrás que darte cuenta que tu realidad económica actual tiene que ver en mucho con tu sistema de creencias actual.

Por eso, si en algún momento te decides a crecer, tendrás que sí o sí cambiar muchas de tus creencias.

Haremos un ejercicio sobre tus **objetivos económicos**, pero sobre el final de la descripción del desarrollo de las diferentes etapas de crecimiento, de forma que tengas mayores luces y claridades para luego poder trabajar sobre tus objetivos con conceptos nuevos.

Por ahora veamos otro aspecto de nuestro crecimiento económico.

Es la ligazón que hay entre economía y afectividad.

El dinero y los afectos...

El tema del dinero es un tema que socialmente se reprime, sobre todo entre la clase media.

Es muy frecuente notar que en las familias no se habla de dinero, y menos entre familias.

Es como si fuera un tema tabú.

La verdad es que todos tenemos algún tipo de posicionamiento respecto del dinero, pero es escasamente frecuente hablar de ello en ambientes de clase media.

Se habla tal vez de lo que hay que pagar o gastar pero no de la forma de generar ingresos.

Los **jóvenes** esbozan algunas inquietudes sobre este tema cuando disciernen qué carrera seguir, y siempre tienen alrededor algún iluminado que los aconseja que busquen carreras con "**salida laboral**".

Por supuesto que el consejo no tiene en nada en cuenta la vocación o misión del joven sino sólo la posibilidad de inserción laboral.

Pero el dinero expresa un montón de **emociones** mas allá de si hablemos de él o no.

Estas emociones juegan un papel importantísimo a la hora de tomar decisiones económicas.

Por eso habrá que tener en cuenta qué te produce en tu interior el tema del dinero, porque ese efecto será clave para el desarrollo de esta área en tu futuro.

Muchas personas quieren crecer económicamente pero tienen **creencias** o hasta **valores** que van en dirección contraria al **deseo**.

Por ejemplo imagínate que quieres crecer económicamente, pero en tu interior se acuñan creencias de este tipo:

- "el que tiene mucho dinero seguro que lo hizo a través de mecanismos poco éticos"
- "las personas adineradas son superficiales"
- "los ricos son todos corruptos, o tacaños"
- "Dios no los mira con agrado".

Si algunas de estas creencias se encierran en tu interior, inconcientemente puede ser que sabotees cualquier acción que emprendas para generar un mejor nivel económico.

Saber entonces hacia donde te diriges en materia económica es fundamental, y también qué tipo de creencias posees, de manera de saber si tus limitaciones en esta área vienen por falta de un objetivo concreto o por acarrear creencias contrarias al desarrollo.

El dinero mueve **pasiones interiores**, te guste o no esta idea. Por eso quisiéramos que investigues tu interior y que prestes atención a tus pasiones.

Las personas se entristecen, se alegran, lloran, se agitan, se ponen ansiosas o se deprimen por cuestiones económicas.

Parte de tu historia actual seguramente está marcada por éxitos, fracasos, o limitaciones en materia económica.

Muchas personas hubiesen querido formarse en una carrera universitaria que no pudieron costear, o tal vez formarse en otro país.

Otros hubiesen elegido irse a vivir a otra ciudad o país si, hubieran tenido la libertad de elegir.

Otros quisieran vestirse de manera diferente si pudieran hacerlo.

Algunos más elegirían otro tipo de trabajo si tuvieran la libertad de elección.

Otros tendrían una cobertura diferente en el tema salud si pudieran pagarla.

Y así podríamos buscar un sin número de ejemplos de cómo las personas están frecuentemente condicionadas en sus elecciones por el tema económico.

Carecen así de la libertad suficiente de elección, y su discernimiento está viciado por las limitaciones que impone el "dios dinero" sobre sus vidas.

No sabemos sobre vos, pero nosotros preferimos estar libres y no sometidos a ese dios que esclaviza a sus súbditos.

Ese dios por un lado nos impone limitaciones, y por otro, cuando intentamos liberarnos de él nos impone un montón de creencias que no nos permiten acceder a esa libertad.

Pareciera que no hay manera de ganar en este juego.

A eso, en psicología se le llama "**Paradoja**".

La Paradoja es mucho peor que una simple contradicción, porque genera "confusión".

Quedamos encerrados entre las limitaciones que nos impone la falta de libertad económica, y entre las pasiones negativas que experimentamos si queremos crecer en materia económica.

Algunos tienen pasiones negativas no por creencias sobre la riqueza en sí, sino sobre **qué acciones** deberán llevar a cabo si quieren prosperar.

Por ejemplo hay personas, tal vez vos mismo, que piensan que para generar mayor abundancia o libertad financiera hay que **trabajar más horas**, o estresarse, u ocupar horas que actualmente se le dedican a otras áreas importantes como la familiar o espiritual, o que por intentar crecer en materia económica hay que enfrascarse en un estilo de vida poco saludable.

¿Te das cuenta que si alguna célula de nuestro interior cree algo de esto, en la medida que nos pongamos a trabajar para dar pasos, alguna célula se nos va a rebelar y sabotear cualquier disposición que tomemos?

Por esos ahora exploremos juntos nuestras pasiones y creencias sobre el dinero y sobre la forma de generarlo para saber de dónde partimos.

Ejercicio: toma tu cuaderno personal y divide una hoja en dos columnas paralelas.

En la **primera columna** pondrás todas las **EMOCIONES negativas** que se disparan en tu interior cuando piensas en crecer económicamente o que experimentas a la hora de pensar en tomar **acciones** para desarrollarte en materia financiera.

Aquí van algunos ejemplos...

Emociones Negativas	
Ansiedad ante posibles frustraciones	
Miedo al fracaso	
Temor a ser rechazado o despreciado	
Ansiedad y presión ante lo nuevo	
Culpa	
Baja autoestima	
Me siento desagradecido	
Me siento incapaz	
Me siento inmoral	

En la **segunda columna** colocarás todas las **CREENCIAS negativas** que acuñas en tu interior sobre la **riqueza** o sobre la abundancia en sí.

Aquí van algunos ejemplos...

	Creencias Negativas
	El dinero no es importante
	Los ricos son insensibles
	La riqueza es algo malo
	Los ricos no son espirituales
	¿Para qué tener más?
	Me conformo con lo que tengo
	Tendré que trabajar muchas horas
	Hay cosas mas importantes que el dinero
	Tendré que ser corrupto

Intenta realizar este ejercicio y luego continuamos.

Bienvenido nuevamente.

Fíjate que ahora tienes dos columnas que marcarán tu ritmo económico.

Muchas personas quieren a simple vista mejorar su situación económica pero desconocen que desde su interior se alzan sus **peores enemigos** de ese objetivo.

Tú los tienes ahora a mano y a la vista para evaluar cómo estás interiormente.

Es imposible crecer en esta área si primero no trabajamos sobre nuestro sistema de creencias y sobre nuestras emociones.

Ahora bien. Cada una de estas emociones y creencias deberán ser **cambiadas** por aquellas que te potencien el crecimiento.

Las emociones o creencias no pueden ser solamente erradicadas sino que tienen que ser **cambiadas** por otras.

Pero este cambio no debe ser forzado.

Para cambiar una creencia limitante por otra que te potencie, lo primero que debes hacer es adherir a otra creencia que sea **creíble para vos**.

No puedes solamente cambiarla por una creencia **linda** o **lógica**, sino que tendrás que proponer una creencia que sea creíble para vos.

Primer paso entonces será: cambiar las **creencias limitantes** que figuran en tu cuaderno por otras que te potencien y que sean creíbles.

El segundo paso será escribir las **emociones que necesitas** para crecer en esta área, en reemplazo de las que tienes escritas sobre tu cuaderno.

Una aclaración...

Tal vez pienses, a esta altura del ejercicio, que es imposible cambiar las emociones, que ellas simplemente están allí, y hay poco que puedas hacer al respecto.

Esto no es así.

Las emociones se pueden cambiar y en el libro TeoPsicología y en los audiolibros dedicados al área afectiva vincular también propusimos algunos ejercicios que nos ayudan con este propósito.

Una forma de lograrlo es realizar un ejercicio con la **imaginación** que te permita recrear en tu interior las circunstancias que dispararían las emociones que necesitas vivenciar para crecer económicamente.

Sin siquiera poder experimentar, en pequeña medida, las emociones ricas que te empujarían a crecer en el área de la economía personal, es difícil que tengas alguna conducta que te lleve hacia esa dirección.

Si las emociones que se disparan cuando comienzas a pensar en el crecimiento económico son negativas, difícilmente podrás perseverar en los hábitos necesarios para dar pasos.

Por eso ahora tendrás que ser creativo para instalar las emociones que te potenciarán y te empujarán a crecer.

Para saber más sobre qué tipo de emociones necesitas instalar, y cuáles creencias reinstalar en tu interior, es necesario que sepas más sobre **qué sienten** y **qué creen** tus referentes en esta área.

Pero por ahora solo déjate llevar por lo que sabes hasta el momento y reemplaza en otra hoja las creencias y emociones que te parecen que necesitarás para crecer en libertad financiera.

Aquí te alcanzamos un ejemplo...

Emociones Positivas	Creencias Positivas
Me siento exitoso	El dinero me acerca mayor libertad de elección
Siento lindas expectativas ante los nuevos desafíos	Los adinerados pueden ayudar con facilidad
Siento humildad al saberme instrumento	La riqueza me permite ayudar
Las nuevas aventuras me apasionan	La abundancia puede auxiliar a causas nobles
Siento culpa si no progreso y ayudo más	Hay que apuntar a las estrellas...
Llevo un tesoro de posibilidades adentro mío	Quiero ser más pleno
Me siento agradecido por cada paso que doy	Cada día tendré más tiempo libre
Siento un potencial enorme en mí	Hay cosas mas importantes que el dinero por eso quiero ser libre de él
Me siento negligente si no crezco hasta el máximo	Seré un ejemplo para otros

Bienvenido nuevamente.

Sobre esta segunda hoja tendrás que trabajar con esfuerzo porque es fundamental que aprendas a mantener un sistema de creencias y unas emociones que te permitan crecer en materia económica.

Todo esfuerzo que realices ahora, al principio, te servirá muchísimo para instalar en tu interior lo necesario para dar pasos.

Fíjate que si, por ejemplo, supones que crecer económicamente te llevará a estar más estresado o preocupado, o que administrar mayores flujos monetarios se escapa a tus capacidades, esa emoción y esa creencia sepultarán todo intento de progreso.

Nosotros creemos que se puede crecer económicamente hasta la libertad financiera, al tiempo de disfrutar ese proceso y vivirlo con **alegría** y con **paz**.

Y es más, creemos que se puede crecer económicamente al tiempo de crecer en las otras áreas de la vida.

Por eso es indispensable tener un sistema de creencias y unas emociones que avalen lo que te estamos proponiendo.

Y también déjanos compartirte una creencia que es fundamental.

Los **problemas** económicos **cambian** si **cambias tú**.

Tienes el poder y la libertad para realizar cualquier cambio en tu vida. No necesitas de circunstancias exteriores para lograr éxitos económicos, sino que la llave del éxito se encierra en **tu interior**.

Esta idea es fundamental porque hay muchas personas que le echan la culpa de sus fracasos económicos a situaciones externas familiares, nacionales o internacionales.

Factores externos pueden ayudar a que se presenten crisis o problemas pasajeros pero no pueden hacer nada contra aquel que tiene **hábitos sanos** en materia económica.

La persona puede hasta quebrar por cuestiones exteriores, pero si tiene hábitos económicos buenos, esa quiebra será solamente pasajera y luego podrá remontar su situación rápidamente.

En cambio, la persona que no desarrolla hábitos saludables en materia económica puede tener "**buena suerte**" en un momento, y ganarse la lotería, o acertarle con la producción de un producto exitoso, pero rápidamente volverá a su miseria habitual porque los hábitos nos llevan, tarde o temprano, hacia el lugar a donde apuntan.

Por eso la economía personal está lejos de ser **azarosa**. No depende de la suerte.

Depende solamente de buenos **hábitos** que se desarrollan a través del tiempo y que se sostienen más allá de atravesar crisis pasajeras.

Entonces si cambias tú, cambiará también tu economía.

Pero antes de finalizar este capítulo, déjanos proponerte el tema del siguiente capítulo.

De nada serviría crecer en materia económica si al mismo tiempo no crecemos en nuestra **vocación** y en nuestra **misión** en la vida.

Algunos creen que en la vida se trata de crecer económicamente haciendo alguna actividad que nada tiene que ver con nuestra vocación.

Nosotros creemos, en cambio, que es bueno y sano **unir** lo **vocacional** al **progreso económico**.

Nos encontramos en el siguiente capítulo

¡¡¡Viví la vida con plenitud!!!

La Vocación...

¡Hola! ¡Bienvenido nuevamente!

Ahora vamos a continuar **sumergiéndonos** dentro del área de la Economía Personal y la Vocación.

Como decíamos en el capítulo anterior, es importante crecer en libertad financiera al tiempo de crecer en nuestra vocación.

Pero no todos sabemos con certeza qué significa esto de tener una vocación.

Vocación significa "**llamado**", es decir una voz que nos invita a seguir por algún sendero hacia algún lugar.

Ese **sendero** y ese **lugar** a donde estamos invitados a caminar tienen que ver con nuestra mayor **plenitud** y **felicidad**.

De nada serviría pensar que nuestra vocación tiene que ver con algo que nos **disgusta**.

Por eso la vocación siempre está ligada a los **deseos** más **íntimos** y **fecundos**.

Cuando alguien te propone que busques carreras universitarias con "salida laboral", es como decirte que leas el capítulo anterior sobre "cómo crecer económicamente" pero sin atender tus deseos interiores.

Tal vez crezcas por algunos meses o hasta consigas una "buena" salida laboral, pero tu vida nunca será tan plena si no te dedicas de lleno a tu vocación.

Muchísimas personas están insertas en situaciones laborales cómodas o ricas pero que no tienen que ver específicamente con su vocación.

Esta situación no está mal en sí, y algunos continuarán así por el resto de sus vidas y eso no sería del todo negativo.

Nosotros entendemos, de cualquier forma, que se podría ir **por más**.

Creemos que es bueno buscar y encontrar nuestra vocación para poder comenzar a invertir tiempo de nuestra vida en ésta tarea.

Algunas personas comienzan a intuir cuál es su vocación, pero **carecen** de una **libertad económica** que les permita dedicarse de lleno a ella.

Es que tienen que ocupar buena parte de su tiempo en la generación de ingresos de una forma que tiene poco o nada que ver con su vocación.

Déjanos comentarte un ejemplo bien simple...

Imagínate que luego de ahondar en el tema vocacional durante algún tiempo, y de zambullirse en su interioridad, una persona descubre que su vocación siempre estuvo dirigida a ser músico y a tocar un instrumento musical como el piano, el saxo, o la guitarra.

Esta persona, como tiene que trabajar durante todo el día como administrativo en una institución estatal, puede dedicar poco tiempo a aquello que descubre como muy importante para él.

Para él no es que es un lindo hobbye ser músico

Para él, ser músico, es su verdadera vocación.

¿Sabes notar la diferencia entre hobbye y vocación?

Muchos de nosotros tenemos actividades deportivas o culturales que son placenteras y fecundas, pero que no son nuestra vocación.

Vocación es aquello que es como una savia para nuestro interior, que nos nutre desde adentro, y que sin ello nuestra vida pareciera estar sosa, sin sal, sin la pimienta que necesita para estar plena.

Es aquella actividad que si tuviéramos la libertad de elegir, económica o emocionalmente, nos dedicaríamos de lleno, más allá que genere o no recursos económicos.

Es aquella actividad para la cual no existe la "jubilación" o el retiro, porque seguiríamos haciéndola más allá de nuestra edad.

Es frecuente encontrar personas que diariamente desde las 7 de la mañana hasta las 6 de la tarde se dedican a generar ingresos con cualquier tipo de actividad o trabajo, y desde las 6 de la tarde en adelante comienzan a dedicarle algún tiempo a su verdadera vocación.

Conocemos una persona que trabaja todo el día en la reparación de electrodomésticos, por la tarde, se mete en una ONG (Organización no Gubernamental) que él mismo fundó, para ayudar a familias con problemas sociales.

La ONG es su verdadera vocación y realmente disfruta y vibra con esta actividad pero no puede dedicarle el tiempo que quiere porque necesita generar ingresos en otro lado.

Esto sucede a menudo cuando no tenemos la libertad económica que necesitamos para realizar nuestra vocación a pleno.

Nosotros creemos que se pueden generar ingresos al dedicarnos a nuestra vocación.

Hay **dos** posibles formas de lograr dedicarte a tu principal llamado.

1. Generar una fuente de ingresos ligada a tu vocación.

2. Lograr la libertad económica con otra fuente de ingresos, y al mismo tiempo ir dedicándote más y más a tu vocación en la medida que vas obteniendo mayores libertades.

Lo cierto es que para cualquiera de estas dos estrategias es necesario saber cuál es tu vocación.

Déjanos ser un poco sarcásticos por unos minutos.

¿Crees realmente que averiguarás cuál es tu verdadera vocación contestando algunas preguntas de un test publicado en una revista de divulgación masiva?

Días atrás escuchábamos una conversación entre dos chicas jóvenes que hablaban sobre su vocación.

Una de ellas le comentaba a la otra que había realizado esa misma mañana un test de cuatro preguntas en su colegio y que las respuestas iban a ser llevadas a una profesional para ser analizadas, y que esa profesional luego le diría qué ámbito laboral es el adecuado acorde a su vocación.

¡Imagínate si alguien con cuatro respuestas puede siquiera saber la profundidad de una vocación!

Hay personas que escogen su actividad de acuerdo a lo que un test así les revela. Para nosotros eso es "**ceguera**".

Alguien tal vez escoge seguir abogacía porque tienen un padre abogado, o seguir con un comercio por haberlo heredado, o involucrarse en el área de la salud por haber atravesado tal enfermedad.

Cada uno tiene **motivaciones** diferentes y habrá que explorarlas profundamente para dar cuenta sin son motivaciones fecundas o si generan **elecciones tóxicas**.

Esta calidad de discernimiento no se puede lograr con cuatro preguntas simples.

Habrá que trabajar sobre las motivaciones más íntimas, desde el conocimiento del entorno familiar y social, y desde la investigación de las experiencias pasadas en cuanto a los deseos, las frustraciones, los éxitos y los fracasos.

Hay personas que tienen una vocación que requiere de ciertos emprendimientos, pero los **fracasos** en el **pasado** las han llevado a tener fobias actuales que no les permiten realizar lo que tienen que hacer para dar pasos.

Por eso **tú** eres quien mejor puede saber sobre tu vocación. Un profesional puede darte **herramientas** que te permitan conocerte más y orientarte mejor, pero nunca te puede decir cuál es tu vocación. **No deposites en otros algo que te pertenece**.

Sólo busca desde la humildad las personas y las herramientas que te puedan ayudar a descubrir y conocer tu verdadera vocación.

Entonces vayamos ahora a ahondar un poco más sobre tu vocación.

El primer ejercicio que te puede ayudar para conocer tu vocación es volcar sobre una hoja de tu cuaderno personal todos aquellos **deseos** que te hubiese gustado realizar si hubieses tenido la libertad u oportunidad de cumplirlos.

Por ejemplo tal vez de niño tenías en tu interior deseos de ser astronauta, pero un bochazo en matemáticas te hizo pensar que nunca podrías llegar a ¡¡¡Huston!!!

Más allá del humor, estamos plagados de situaciones angustiantes de nuestra experiencia pasada que nos hicieron elegir en base a esas **frustraciones**.

A esas experiencias dolorosas del pasado se las llama "**experiencias emocionales negativas**".

Esas experiencias pueden llegar a hacernos renunciar a nuestra vocación.

Por eso ahora es tiempo de bucear en tus deseos.

Siempre la vocación tiene que ver con los **deseos** más íntimos.

Luego habrá que **pulirlos** para ubicarlos dentro de tu ciclo vital o de tu situación actual.

Por eso por ahora **no** pienses en **cómo** realizar tus deseos sino de cuáles son.

Por ahora sólo investigaremos sobre tus deseos, y no cómo lograrlos.

El "**cómo**", en este momento, puede llegar a ser tu peor enemigo.

Primero hay que saber "**qué**" es lo que quieres, ¿y luego? Veremos...

Ejercicio...

Coloca en tu hoja aquellos deseos que tal vez hasta quedaron olvidados.

No dejes pasar ninguno. Intenta colocar todos ellos.

Por ahora no los coloques por orden de importancia, sino como una "tormenta de ideas".

Y luego nos volvemos a encontrar.

Bienvenido nuevamente.

Había una santa de principios del siglo XX, llamada Santa Teresita del Niño Jesús, que decía lo siguiente:

"Te doy gracias Dios porque colocas en mí el deseo de aquello que me quieres otorgar"

Es decir que ella sabía que los deseos íntimos de su corazón estaban puestos por el mismo Dios, y que al colocarlos allí también le había dado la posibilidad de perseguirlos y alcanzarlos.

Es decir que tú tienes deseos en el interior que habrá que reciclarlos, adaptarlos a tu presente, embellecerlos, pero no ¡¡¡desecharlos!!!

Fíjate que en estos deseos que has escrito está la clave de tu vocación.

Ahora habrá que descubrir como amoldarlos a tu realidad actual pero sin bajarles el perfil.

Imagínate que tu deseo era desde joven ser jugador de la NBA, pero ahora la edad o las limitaciones físicas te hicieron renunciar a tal deseo.

Lo importante es saber que ser jugador de la NBA te hubiese dado cierto estilo de vida y ciertas satisfacciones que hoy podes obtener por **otros medios**.

Por eso es importante saber **qué buscabas** realmente con cada deseo.

Detrás de cada deseo hay una búsqueda de **experiencias** que hoy puedes alcanzar también por otros medios.

Por eso es importantísimo que puedas ver cuáles eran esas experiencias que buscabas al expresar estos deseos, y no que transformes los "**medios"** en "**fines"**.

Ser jugador de la NBA no es un **fin** en sí mismo sino un **medio** para alcanzar ciertas experiencias.

Ahora sólo quedará buscar otros medios que partan desde tu presente y te permitan acceder a esas mismas experiencias.

A su vez deberás saber que si no tienes **confianza** en ti mismo, los medios que te propongas actualmente pueden estar atravesados por esa desconfianza, y lo que te plantees puede ser mediocre.

Por eso hay que tener deseos e ideales bien altos, pero también tendrás que tener una buena **autoestima** que te permita ir por ellos.

Luego veremos cómo se pueden alcanzar esos deseos, porque lo más importante es saber que el **camino** es parte de esa vocación.

Es decir que alcanzar los deseos es sólo una parte de ese ideal, pero hay algo todavía más importante que es **cómo caminamos** hacia esos deseos.

Disfrutando el camino...

Imagínate que planeas un viaje de vacaciones a un lugar soñado.

Planificar el viaje de por sí ya es placentero, aún cuando todavía no partamos de vacaciones.

Igualmente el viaje hasta el destino también suele ser una experiencia preciosa.

¡¡¡Uno es **feliz** mucho antes de llegar al objetivo!!!

De la misma manera estos deseos tienen que madurar en tu interior y hacerte la vida más bella y con mayor sentido desde **ahora** mismo y no cuando los alcances.

Muchas personas tenían el deseo de formar, por ejemplo, una pareja o una familia con alguien que amaban.

Luego esa persona los abandonó, y se quedaron en el camino de la vida pensando que nunca más iban a poder llegar a lo que soñaban.

Pero la verdad es que formar una pareja o una familia también es un **medio** para experimentar alegría, felicidad, intimidad, sensación de compartir la vida, paternidad, maternidad, etc.

Estas experiencias se pueden lograr a través de otros medios, o con otra persona diferente a la que nos haya abandonado.

Algunos creen que esto es imposible y se dicen para sí mismos: “mi felicidad puede darse solamente con tal persona”.

Esto es un imaginario que se puede transformar en **profecía** que se autocumple.

Lo cierto es, y presta mucha atención a esto porque es sumamente clave, que se pueden llegar a alcanzar esas mismas experiencias que deseamos a través de otros medios cuando nos abramos y nos atrevamos a experimentar la flexibilidad necesaria en la vida para proponer cambios.

La vocación le otorga **sentido** a la vida.

Hay terapias psicológicas que focalizan principalmente en la búsqueda del sentido de la vida.

Es que la persona que encuentra sus sentidos más profundos comienza a vivir una plenitud llamativa.

Uniendo la Vocación al Trabajo...

Ahora es tiempo que también nos dediquemos por algunos minutos a focalizar en el siguiente ideal:

"El objetivo es que el trabajo esté ligado a la vocación y no a la búsqueda de los ingresos necesarios para subsistir".

Pero este tema es delicado y sólo pueden vislumbrarlo aquellos que apuntan bien alto y desean una libertad que supera todo límite.

Generalmente cuando nuestro trabajo está distanciado de la vocación, la persona siente que le es imposible cambiarlo porque nota que su ingreso depende de ello y no quiere exponerse a los **riesgos** que suponen los **cambios**.

Por un lado tiene razón, porque los riesgos desmedidos no son tampoco algo apetecible. Sin embargo nosotros aspiramos a que el cambio sea sobre carrilles seguros, sencillos, eficaces y divertidos.

¡Aspiramos a mucho querido amigo o amiga!

Queremos realizar nuestra vocación al tiempo de generar los ingresos necesarios para vivir dignamente, y sin que esta tarea sea un disparador de inseguridades o ansiedades en la vida.

¿Te das cuenta? ¡¡¡Vamos por ambas cosas!!!

Por eso la libertad económica es fundamental también para el desarrollo de nuestra vocación.

Cuando decimos de unir la vocación a la generación de ingresos, nos estamos refiriendo al área de la economía personal y el trabajo.

Ahora es tiempo también que tengas diferentes **sentidos** o vocaciones para cada área en particular.

Por ejemplo:

En el área **espiritual** y de **intimidad** podemos tener diferentes vocaciones: ser hijos de Dios, ser sabios, ser maestros, insertarme en alguna comunidad parroquial, laical, religiosa, etc.

En el área **afectiva vincular** podemos tener vocación a: ser felices, formar una familia, formar un grupo de personas que se dedican a ciertas actividades, desarrollar nuestra maternidad o paternidad, ser líderes, etc.

En el área **económica laboral** podemos tener vocación a: trabajar en sociedad con otros, unir la vocación a la generación de ingresos, armar empresas, desarrollar estilos de vida laborales que tengan en cuenta todas las áreas, etc.

En el área del **estilo de vida** y el **disfrute** podemos tener vocación a: desarrollarnos en algún deporte o en un estilo de vida deportivo, vivir en un lugar al cual por ahora sólo lo consideramos como para ir de vacaciones, generar estilos de vida saludables, generar ambientes epigenéticos que potencien todo el crecimiento (este tema lo profundizamos en el libro "TeoGenética: Apasionado y Santo. Estilo de Vida y Disfrute").

Puedes ver que cada área tiene sus llamados particulares.

La vocación no es una meta sino un **estilo de vida** al cual has sido llamado desde tus deseos más íntimos.

Por eso ahora en tu hoja intenta anotar los deseos que más despierten tu entusiasmo en cada área. Y luego nos volvemos a encontrar.

Bienvenido nuevamente.

Ahora mismo tienes todo lo necesario para alcanzar esa vocación. No te hace falta nada más.

Tal vez creas que necesitas un montón de cosas para alcanzar tu vocación, pero la verdad es que hoy tienes todo lo necesario, y si por ahora no logras observar esta afirmación es porque necesitarás desarrollar nuevas formas de observar tu presente.

También necesitarás desarrollar una cosa más: ¡¡¡**No te apegues a los medios**!!!

Sé desprendido sobre los medios, porque lo importante es saber cuál es tu vocación y no el medio para alcanzarlo. Luego vendrá el tiempo de definir los medios de acuerdo a tus **valores**.

Si piensas que con tal persona ibas a alcanzar tu vocación, pero ella te abandonó y por eso ahora es inalcanzable, eso es una ¡¡¡**mentira**!!!

Si piensas que con tal profesión ibas a alcanzar tu vocación pero no has podido insertarte en esa profesión por limitaciones reales, es mentira que no puedas alcanzar tu vocación. Luego descubrirás otros medios para llegar a ella.

Si tu vocación es la maternidad o la paternidad, pero ciertas limitaciones físicas te impiden acceder a esa vocación desde lo biológico, puedes alcanzar tu vocación por otros medios, y créenos que esos otros medios son los que realmente te harán feliz.

Y esto es fantástico porque ahora es tiempo de que vueles bien alto y busques tu vocación en cada área.

¡Atrévete a ir por lo máximo en tu vida!

Dedica tu tiempo a lo que amas...

Tu semana tiene que estar impregnada de tu vocación.

En tu **agenda** diaria deberás buscar tiempo suficiente para ir desarrollando tu vocación en cada área. De otra forma tu vida pasaría ser una más del montón que viven en la **mediocridad**.

Por eso ahora es el tiempo de dedicarnos al "tiempo"...

Fíjate en los **deseos** que has expresado en tu hoja.

Piensa que en ellos está encerrada tu **vocación** en cada área.

En cada **día** de la semana hay un tiempo que le dedicas a lo que es **importante** para tu vida.

Tu misión ahora es colocar algunos minutos diarios, semanales y mensuales para el desarrollo de tu vocación.

La semana pasa y no vuelve más, y si no le dedicamos el tiempo a lo que realmente es importante, nuestra vida será mezquina.

Cuando llegues al final de tus días sólo importará el tiempo que le hayas dedicado a lo que es importante para tu vida.

Lo **urgente** pasa, pero lo **importante** es lo que queda grabado en nuestros corazones.

Por eso es mucho mejor morirse en la búsqueda de lo **importante** que dedicar la vida a lo **urgente**.

Entonces vuelve sobre tu agenda diaria. Aprende a **renunciar** a lo que no es importante en tu vida para dedicar tiempo a tu vocación.

Hagamos juntos el siguiente ejercicio...

Realiza primero tu **agenda real**.

Es decir vuelca en ella todo lo que haces cotidianamente con el mayor detalle posible.

Divide una hoja en los días de la semana, y luego divide cada día en horas.

Intenta colocar hasta el horario de las comidas o en el que miras televisión.

De esta manera tendrás una idea cierta de cómo es tu estilo de vida **actual**.

Recuerda que la vocación tiene que ver con "**estilos de vida**".

Planilla ejemplo:

Horas	Lunes	Martes	Miércoles	Jueves	Viernes	Sábado	Domingo
7							
9							
12							
15							
18							
21							

Una vez finalizado el ejercicio nos volvemos a encontrar.

Bienvenido nuevamente.

Ahora tienes mayores **certezas** de cómo es tu estilo de vida **actual**.

Al mismo tiempo comienzas a percibir, de a poco, cuál es tu vocación en cada área, y qué es lo más **importante** para tu vida.

En el libro "TeoPsicología: Santo y Libre. Sentimientos y Relaciones Cotidianas", en el cual focalizamos en el área de los afectos y las relaciones personales, proponemos un ejercicio sobre los vínculos con las personas más importantes de nuestra vida y de cómo deberían tener asignado un tiempo especial y particular para cada una de ellas.

Ahora también es el momento de saber que todo lo que es importante en tu vida tiene que estar en tu agenda real **hoy** mismo.

Por ejemplo, si un **deporte** es importante para tu vida pero actualmente no tienes la posibilidad de dedicarle el tiempo que quieres, o no tienes el dinero suficiente para costearlo, es momento, de cualquier forma, para comenzar a colocar algunos minutos en la semana para este deporte o para una actividad similar.

Es decir que tal vez en tus ideales quieras dedicarle dos horas por día a este deporte, pero actualmente no puedes, entonces comienza con al menos **15 minutos**.

Es importantísimo que desde hoy mismo aprendas a **renunciar**, al menos, a algunos minutos de otras actividades para comenzar a imponer tu **agenda vocacional.**

La libertad se alcanza siendo ¡¡¡**héroes**!!!

Si quieres realmente crecer necesitas desarrollar una voluntad de héroe y no de timidez y temor.

Comienza hoy mismo por realizar aquellas actividades que tengan que ver con tu vocación, aunque sea con un mínimo de tiempo o aunque no cuentes con dinero suficiente por el momento.

Veras que en la medida que vayas ganando libertad en esta área, podrás dedicarle más y más tiempo a aquello que es súper importante para ti.

¿Pero cómo comenzar a dar los primeros pasos en esta área?

En el siguiente capítulo analizaremos las primeras etapas y los pasos a seguir para crecer económicamente.

¡¡¡Viví la vida con plenitud!!!!

Las etapas de crecimiento...

¡Hola! ¡Bienvenido nuevamente!

En este capítulo trabajaremos sobre algunas ideas que te ayudarán a crecer en las diferentes etapas que suponen ir desarrollando esta área en tu vida.

¿Has notado que esta área comprende numerosos aspectos tanto en los números fríos como que también despierta pasiones nada calmadas?

Esta área está sumamente ligada a las otras porque mucho de lo que queramos en las otras áreas depende en gran medida de la libertad económica que tengamos para actuar y para elegir libremente la vocación en cada aspecto.

Si queremos crecer espiritualmente será lógico que le dediquemos algunos días al año para hacer algún retiro.

Si queremos crecer vincularmente es lógico que le dediquemos algún tiempo específico a los vínculos más importantes.

Y para cualquiera de estos objetivos necesitamos un mínimo de libertad económica que nos permita dedicarnos a ellos y no a lo que nos apremia y nos urge.

Veamos juntos entonces cómo comenzar a dar pasos en las siguientes etapas que están incluidas dentro de esa gran etapa llamada: “Sacar agua del pozo”.

Etapa de aprendizaje y repetición.

La primera etapa que suele presentarse una vez que nos decidimos a crecer en nuestra economía personal y en lo vocacional es la que se llama etapa de aprendizaje.

Esta es una etapa de instrucción, en donde algún que otro referente nos puede marcar cierta tendencia hacia dónde caminar.

Por "referentes" se entiende a las personas que son testimonio de aquello que queremos alcanzar o ser.

Por eso es importantísimo que tengamos referentes sanos y libres en materia económica y vocacional.

En esta área es frecuente tener referentes cercanos en lo familiar o social con criterios o estilos de vida **esclavizantes** sostenidos por creencias **lógicas** a las cuales adherimos **conciente** o **inconcientemente**.

Pero es imposible crecer en libertad persiguiendo sistemas de creencias que nos esclavizan o nos limitan.

Tener referentes libres, en materia económica, no es tan fácil de encontrar.

Por eso no busques personas que estén "**bien**" económicamente, sino aquellas que sean "**libres**", que es una idea totalmente diferente.

Habíamos dicho anteriormente que "libertad económica" significaba tener la posibilidad de elegir trabajar por vocación y no por necesidad económica, es decir que "libertad económica" significa poseer ingresos económicos por fuentes que no dependan del trabajo personal.

Fíjate que esto no es fácil de encontrar porque la mayoría de las personas si dejan de trabajar dejan de percibir el ingreso necesario para subsistir.

Para los religiosos que han hecho "voto de pobreza", el tema de la "libertad económica" es fundamental para dedicarse a su vocación espiritual.

Por eso ellos confían en la "**providencia**" (Dios a través de su amor) como fuente de ingresos que no depende del trabajo asalariado.

Pero para los laicos, insertos en mundos laborales, la idea puede llegar a ser muy similar.

Se necesita de libertad económica para dedicarse de lleno a la vocación.

Si bien la "Providencia" puede llegar a ser una fuente de ingresos en momentos especiales, lo mejor es construir una canaleta que permita adquirir ingresos por fuentes que no dependan de un simple salario.

En esta etapa es entonces importante instalar nuevos hábitos económicos y administrativos.

Por ejemplo cuando uno es niño, los padres le enseñan a manejar el dinero con los criterios familiares.

También los padres enseñan diferentes **valores** respecto de la administración del dinero, respecto del trabajo, y respecto de la vocación.

Muchos de estos criterios están atravesados por **ideas lógicas**, pero hay veces que son ideas poco fecundas.

El niño no cuestiona la idea sino que entiende que tiene que aceptarla porque proviene del amor que le tienen sus padres.

Si nuestros padres fueron conciente o inconcientemente esclavos en materia laboral o económica, y nosotros seguimos sus criterios, así nos irá en la vida.

Por eso contar con referentes libres en esta etapa es muy importante para dejarse **instruir** por ellos y comenzar un camino de crecimiento.

Pero al mismo tiempo deberán ser referentes que nos inspiren **confianza** para que nos ayuden a dar pasos.

Tendremos entonces que adherir a sus **valores** y revisar los nuestros que tenemos equivocados.

Pero ¡ojo!, de nada serviría preguntarle sobre la libertad económica a un corrupto al cual no adherimos a su moral.

Por eso **recalcamos** que esos referentes nos tienen que inspirar confianza, y los valores morales obviamente que son parte de esa confianza.

Tampoco de nada servirá preguntarle sobre qué hacer en materia financiera al que está quebrado o inserto de manera esclavizante en un trabajo, pero pareciera ser moralmente intachable.

Es decir que los referentes tienen que unir esos valores que anhelamos al tiempo de ser expertos en el área que caminamos.

Hagamos un ejercicio, juntos.

Intenta acordarte de aquellas personas que son testimonio de libertad en el área económica.

Tal vez no encuentres a personas cercanas o a familiares directos, entonces busca a personajes que han escrito libros en los cuales puedas ver sus vidas y sus actitudes.

Escribe sus nombres en tu cuaderno.

Ellos pueden guiarte con su ejemplo hacia donde tú también quieres llegar.

Aprende de ellos y repite su forma de **sentir** y su forma de **actuar**.

Tener bien presentes a aquellas personas que se nos presentan como fuertes referentes en esta área es importantísimo. Al observarlos diariamente tal vez se nos peguen algunos de sus gestos.

Te damos un ejemplo de los padres de Víctor Toio...

El padre que era médico pediatra, era un referente por su **inteligencia**, y también por su capacidad deportiva en golf, carrera de autos y otros deportes.

Pero en materia económica su vida fue un continuo fracaso, y como consecuencia de ser así, falleció estando atravesado por numerosas deudas sin poder dejar frutos a sus familiares más cercanos.

Es decir que él, que era sumamente **inteligente**, no pudo descubrir cómo administrarse económicamente de manera fecunda.

Su madre, actualmente jubilada, también muy **inteligente, fue siempre** muy prolija y ordenada en su **administración económica**.

Su vida estuvo signada por el esfuerzo para mantener a cinco hijos sola, luego de la separación de su marido.

Logró mantener a sus hijos al conservar tres trabajos en tres escuelas diferentes al mismo tiempo, donde ejercía la docencia.

Es decir que esa actitud de luchadora y trabajadora la hizo lograr la maravillosa tarea de criar estupendamente bien a sus hijos.

No está de más decir que al observarla surge un enorme agradecimiento.

Esperamos que la deuda que tenemos con ella, por tanto amor recibido, sea saldada con el esfuerzo que realizamos para transmitirles estos conocimientos a nuestros hijos, tanto biológicos como espirituales.

Es decir que Víctor cuenta con referentes cercanos muy inteligentes en otras áreas o prolijos en lo administrativo, pero ninguno de ellos dos fueron referentes en cuanto a la libertad económica.

La **inteligencia** y el **manejo administrativo** de un salario **no** son **suficientes** para ser libres económicamente hablando.

Por eso, tal vez en tu vida has intentado crecer en esta área siguiendo creencias y personas que te llevan hacia la prudencia o prolijidad laboral o económica, pero no hacia la libertad financiera.

Por otro lado, tal vez estuviste dando pasos en esta área, insertándote laboralmente, o manejando tus finanzas, sin ningún **objetivo** claro y concreto.

Es decir que posiblemente fuiste caminando hacia donde se abrían puertas sin saber si esas puertas te llevarían hacia donde quieres ir.

Será el tiempo ahora de comenzar a aprender nuevas actitudes, creencias, y conductas para tu vida.

En la siguiente etapa harás tuyas las **creencias** que te sean **fecundas** y rechazarás aquellas que te sean **esclavizantes**.

Etapa de meditación y formación...

La segunda etapa en el área económica laboral es la meditación y la formación de criterios adecuados.

Conocernos a nosotros mismos y comenzar a evaluar si el sistema de creencias que traemos de “fábrica” es el adecuado para seguir creciendo.

Aquí necesitaremos formarnos para meterle a nuestra mente un conocimiento del aspecto económico.

Generalmente este aspecto no se enseña en la **escuela** ni en una universidad.

En la escuela es un tema que no se aborda en los 12 años de enseñanza formal.

Tal vez se afronta desde la óptica de la contabilidad, pero siempre apuntando a la contabilidad de un comercio o empresa, pero jamás se afronta desde el lado de la economía personal.

Por eso en esta etapa es importante **formarse**.

Los criterios que tengamos seguramente que nos acompañarán toda la vida.

¿Sabías que tu voluntad, es decir tu conducta, sigue las ideas que le parecen adecuadas, aún aquellas que son falsas?

Por eso tener **buenos criterios** económicos es fundamental.

Lamentablemente en esta etapa todavía cuesta mantener hábitos importantes para esta área.

A su vez en esta etapa suele suceder que la persona todavía no se conoce íntimamente y por ello persigue **criterios heredados** que están increíblemente equivocados.

Por eso es que ahora te invitamos a que te comprometas con comenzar un proceso de formación en materia económica, pero no de economía mundial sino de **economía personal**.

Hay varios autores que abordan este tema de manera práctica y divertida.

Muchos conceptos también irás aprendiendo a lo largo de este libro.

También es muy bueno que escuches los conceptos desde diferentes autores, cada uno con ejemplos propios, y cada autor con su propia experiencia.

Luego de haber escuchado a cientos de ellos, uno comienza a notar que casi todos arriban a conclusiones parecidas pero que no se aprenden en otros lados sino a través libros como éste que estás leyendo o con autores específicos que se dedican al tema de la **economía personal**.

En las familias, en las universidades, en los clubes, en las reuniones sociales, generalmente **no** se habla de este tema.

Es poco frecuente también que las personas compartan cómo están en materia económica.

Nadie sabe a ciencia cierta cuánto gana el otro, cuánto ahorra, cuánto invierte, cuánto diezma, cuánto gasta en vestimenta, en turismo, etc.

Pareciera ser que es un tema **tabú**.

Al mismo tiempo es un tema que genera **pudor**.

El que tiene ingresos enormes, no quiere decirlo por las dudas que forme envidia en otros.

El que tiene ingresos muy bajos, siente un poco de vergüenza de expresarlo.

El que tiene grandes propiedades siente temor de difundir cuánto tiene.

El que tiene grandes deudas generalmente se guarda la humillación para sí mismo.

Por eso ahora es tiempo que comiences a formarte en el tema. No hay libertad económica sin una buena formación en el área.

Luego vendrá también la tarea muy importante que es generar los **hábitos** que esa formación te invita a seguir.

Algunos de los autores que hemos visto que trabajan muy bien estos temas son Robert Kiyosaki, T Harv Eker, Camilo Cruz, Bob Proctor, Anthony Robbins, Napoleón Hill, Brian Tracy, Jack Canfield, y varios otros muy buenos.

Cada uno de ellos vuelca conocimientos y testimonios sobre el tema.

¡Ojo!, habrá que tomar en cuenta que tal vez alguno de ellos tenga **valores diferentes** a los tuyos.

Pero de cualquier manera tendrás entonces que adaptar sus conocimientos, hacerlos tuyos, y adecuarlos a tus valores. No se trata de rechazar todo sino de aprender de ellos y **quedarte con lo bueno**.

Hay personas que no comparten algunos de los valores que tal autor propone, y por eso tiran por la borda toda la enseñanza y no rescatan nada de bueno.

Es hora de que sepas de que si en tu vida quieres avanzar en materia financiera, deberás dejarte guiar por los que saben sobre el tema.

En otras áreas pasa lo mismo, hay personas que no han dado un solo paso en materia espiritual pero cuestionan a todos los grandes líderes religiosos.

Esperamos entonces que tú estés abierto a aprender todo lo que sea necesario para dar pasos de gigante en tu economía personal.

Hagamos un ejercicio:

En los próximos días, una vez finalizado este libro, y es decir en los bien próximos, te invitamos a que visites una librería y busques a alguno de los autores señalados y adquieras alguno de los libros.

Verás que es una pequeña inversión por la cual notarás rápidamente los frutos que te trae.

Para nosotros no basta con comprar un libro y leerlo, sino que habrá que releerlo varias veces para que sus principios comiencen a hacerse parte de nuestros principios.

Con leer un libro una vez, y luego guardarlo, no alcanza para aprender de él.

La **repetición** es la madre de las virtudes.

Etapa: Percepción afectiva y pasional

La siguiente etapa se llama de percepción afectiva y pasional.

Esta etapa es maravillosa.

Como decíamos más atrás, los números no tienen nada de "fríos". Producen un montón de sentimientos y emociones súper fuertes.

Estas emociones influyen en tu administración económica.

¡¡¡Las **pasiones** mueven la **billetera**!!!

Cuando las pasiones se encuentran **ordenadas** hacia el fin que la persona persigue pueden ser un buen empuje, porque el entusiasmo genera perseverancia en los objetivos, al menos hasta que el entusiasmo continúa.

El problema es cuando las pasiones se encuentran **desordenadas**.

La alegría, el temor, la tristeza, el júbilo, son todas pasiones que pueden influir, de manera sorprendente, sobre tu administración económica.

Si una de estas pasiones te maneja la billetera puede ocasionarte serios daños.

Por ejemplo suele suceder que en momentos de **tristeza** la persona busque la alegría a través de gastos sin sentido.

Es común ver a personas que van de "shopping" sólo para cambiar su estado de ánimo.

El **temor** también puede dominar tu billetera.

Por ejemplo la persona que tiene deudas, y teme no llegar a pagar lo que debe, su **preocupación** puede llevarlo hacia la ansiedad excesiva y su vida se puede llegar a transformar en un continuo trabajo para pagar las deudas o para sobrevivir, sin otro sentido que éste, perdiendo así otros sentidos más amplios o más plenos.

Hay personas que se levantan temprano a la mañana, trabajan todo el día hasta la noche sólo para intentar ganar lo suficiente para pagar deudas o para pagar la luz, el gas, o algún otro servicio.

Así la vida puede comenzar a perder sentido o los objetivos más importantes.

La **alegría** también puede influir en tus gastos.

Es el ejemplo del obrero que recién cobra e invita a todos sus amigos con una vuelta de cerveza en una cantina, sabiendo que en esa vuelta se va gran parte de su sueldo.

O aquella empleada que recién cobra su cheque mensual y va rápidamente a gastar gran parte de su sueldo en la compra de un regalo para alguien que quiere mucho.

Estos últimos dos gestos, nos muestran por un lado, el perfil de una persona generosa y alegre, pero lamentablemente esas grandes virtudes quedan opacadas por la ignorancia administrativa.

Si esas personas supieran administrarse mejor, seguramente que llegarían a ser más fecundas para todos los que los rodean, pero una alegría pasajera los aleja de llegar a su verdadera vocación de plenitud.

Muchos cuando están en esta etapa, y leen un libro como este o escuchan un audio con estos temas, se entusiasman tanto que comienzan a intentar convencer a todo su entorno con los principios recién aprendidos, aunque todavía ellos mismos no han logrado instalarlos de manera firme y sostenida.

Es que la persona que se encuentra en esta etapa suele ser todavía muy **inestable**.

Las pasiones interiores son buenas siempre que estén ordenadas a nuestros fines más encumbrados.

Es decir que nuestra **vocación** y misión tendría que ser la fuente de donde surjan nuestros criterios administrativos.

Sin una buena estrategia económica puede pasar que no alcances tus proyectos más plenos, aquellos que marcarían una gran diferencia en tu vida.

Los que logran los mejores resultados en materia administrativa son aquellos que no se dejan influenciar por las emociones sino por un discernimiento serio y prudente, y aconsejados por aquellos que saben del tema y que ya han tenido buenos resultados en el pasado.

Por eso nosotros siempre advertimos que cualquier decisión que surja de un **estado de ánimo pasajero**, posiblemente se transforme en nuestra peor enemiga.

Las heridas...

Otra situación que suele aflorar en esta etapa son las **heridas** que hemos tenido en el pasado respecto del área económica.

Algunas personas reaccionan con el dinero conducidas por estas heridas.

Son aquellos que ante la escasez que sufrieron en la infancia, intentan llenarse de cosas en el presente, aún de aquellas cosas que nada tienen que ver con lo que quieren realmente.

Son aquellos que ante el miedo a la soledad llenan su vida de pasatiempos y "juguetes" que tampoco los plenifican.

Son aquellos que ante un quiebre financiero, quedan marcados con enormes temores a comenzar un nuevo proyecto.

¿Te ha pasado alguna vez algo similar?

Ahora hagamos juntos un ejercicio.

Fíjate en todos los grandes gastos que has hecho en los últimos meses.

Intenta anotar todos aquellos gastos en una hoja. Trata de no olvidarte de ninguno de ellos.

No hablamos de los gastos habituales de comida o servicios, sino de aquellos gastos que no son habituales, o que siendo habituales no son tan necesarios.

Ordena la lista con dos columnas. En la primera de ellas escribe el objeto o servicio en el cual has gastado.

En la segunda columna, a un costado de cada gasto, intenta escribir el motivo que te ha llevado a realizar ese consumo.

Muchos de nosotros solemos hacer una gran trampa ante un ejercicio como este.

Buscamos una serie de justificaciones lógicas para sostener lo importante que era ese gasto, y encontramos un sin número de razonamientos intelectivos que justifiquen nuestra conducta.

Por ejemplo…

El empleado que invita un trago a todo el mundo diría: “bueno alguna vez me tengo que dar el gusto de invitar a mis amigos con un trago…”

La empleada que se gastó todo en regalos el día del cobro diría: “una vez que tengo un poco de dinero quiero hacer un regalo a alguien que amo…”.

El problema aquí es que siempre habrá un razonamiento que ampare aún nuestros peores errores en materia administrativa. Es sólo cuestión de buscar una justificación, y allí encontraremos una que calce justo con nuestro propósito.

De manera que una emoción luego es **justificada** con un **razonamiento lógico**, y allí nuestra conciencia se tranquiliza.

Por eso ahora queremos que intentes ser bien transparente contigo mismo y vuelques en la segunda columna de tu planilla los motivos que han llevado a realizar ese gasto.

Una vez que finalices el ejercicio nos volvemos a encontrar.

Ejemplos:

Gasto	Causa
Computadora nueva	....
Fin de semana en un spa	
Pintura para un dormitorio	
Sillón masajeador	
Plasma de 42 pulgadas	
Celular nuevo	

¡¡¡Bienvenido nuevamente!!!

Ahora centrémonos en los motivos que has encontrado.

Evaluemos juntos algunas ideas sobre ellos.

¿Estos gastos te ayudan a alcanzar tus objetivos de mediano y corto plazo?

¿Tienen que ver con tu vocación o con tu misión?

¿Tienen que ver con tu sentido de vida?

¿Qué hubiesen dicho los referentes en ésta área sobre estos gastos?

Contesta las preguntas de forma que te conozcas en profundidad.

¿Qué conclusiones tienes a la vista?

Muchos de nosotros encontramos en este ejercicio considerable claridad sobre nuestras motivaciones.

También notamos que algunas motivaciones están sacudidas por circunstancias puramente casuales. Es decir que sin ese gasto nuestra vida continuaría siendo la misma.

Pero lo que hay que entender es que cada gasto que **no** hacemos en dirección a nuestros objetivos de cada área, es un gasto que posiblemente nos **aleje** de ellos.

Las **motivaciones** de cada gasto son importantísimas para anticipar si una persona llegará o no a sus anhelos.

Necesitas conocerte en esta área. Es fundamental que sepas discernir, de manera apropiada, la administración de tus bienes y de tu economía personal.

No te dejes llevar por cualquier viento afectivo, porque seguramente que esa dirección no será la que pretendas para tus mayores anhelos.

Esta etapa es fundamental para continuar dando pasos.

Pero veamos otras características de aquellos que la atraviesan.

Una posible particularidad poco feliz, para aquellos que están en esta etapa, es ser **supersticiosos** o **apostadores**.

Muchos creen que la riqueza material es cuestión de la "**suerte**".

Según ellos la suerte puede ser manipulada por la superstición: horóscopo, cartas astrales, adivinadoras, amuletos, o peor aún que todo eso, por el juego de apuestas.

Ahora bien, dinos ¿alguna vez has visto a alguien que se haya metido mucho en el tema mágico de las apuestas o de la superstición y que le fuera bien en materia económica?

Cuántos buenos deportistas, actores, o ganadores de casinos y loterías, ganan una fortuna que segundos más tarde la dilapidan en gastos desenfrenados.

Es que el dinero **acentúa** nuestras **virtudes** y también nuestras **miserias**.

Quien no tiene control de sí mismo, el dinero acrecentará esa tendencia y potenciará su ruina.

Quien sabe administrar bien el dinero, no necesita de la suerte, ni de ninguna poción mágica para atraerlo, porque el dinero llega a raudales sobre aquel que sabe administrarlo y es señor sobre él.

Quien le rinde culto al dinero termina siendo su esclavo.

Quien lo domina se posiciona al revés, es decir que tiene como esclavo al dinero, y éste trabaja horas extras para él.

El dinero **obedece** a quien tiene como **señor** suyo.
Pero sobre aquel que tiene cierto dominio,
es el más **déspota** de los **amos**.

Por eso pensar que el dinero se acercará hacia ti por una cuestión de suerte es una manera de pensar que no tienes dominio sobre él.

Y si por alguna razón fortuita llegaras a tener esa suerte de ganar dinero sin aprender a administrarlo, le llamaríamos "mala suerte", porque el dinero te dominará y te esclavizará.

Tú hoy tienes el poder de decidir en qué lugar te quieres colocar respecto de los bienes materiales y el dinero.

Los gastos tienen que ser parte de tu señorío sobre el dinero.

En algún momento deberás apartar un porcentaje de tus ingresos para dominar al dinero y ponerlo a trabajar para ti.

Hay un pasaje Bíblico en el cual Dios le dice al hombre:

"Dominen la tierra y sométanla...".

Algunos creen que la orden sugiere el dominar y someter a los vegetales y a los animales. Nosotros particularmente creemos que también aquí se incluye al dinero y a los bienes materiales.

Lamentablemente para algunos individuos pareciera que sucede al revés.

El dinero y los bienes les quitan el sueño. Trabajan día y noche para conseguirlo. Viven una vida limitada por las carencias. Y al momento de conseguir un poco de él, lo gastan bajo la influencia de alguna emoción que también los domina.

Es decir que no sólo los domina el señor dinero, sino que están dominados por las emociones de alegría o de temor, dominados por la ignorancia de saber cómo administrarse mejor, dominados por creencias falsas que aprendieron de alguien que no ha crecido en esta área, y dominados por sus hábitos enfermos sobre la administración de los bienes.

Por todo eso, si quieres seguir creciendo te proponemos un ¡¡¡súper ejercicio!!!

Antes de que comience el próximo mes, analiza tus ingresos y decide de antemano un **presupuesto** que puedas llevar adelante.

Toma las riendas de tu vida y comienza una nueva etapa de señorío sobre el dinero.

Desde ahora tú decidirás cómo administrar tu dinero. Él trabajará para ti.

Realizar un presupuesto...

Realizar un presupuesto no es tarea muy fácil.

Hay algunas ideas que te pueden ayudar a organizarte mejor.

¿Recuerda los **porcentajes** que te propusimos en capítulos anteriores?

Un diez por ciento deberá ser apartado para el **diezmo**, es decir para obras de caridad, proyectos de crecimientos y contención de aquellos que tienen menos que vos, o para alguna institución que representa tus ideales de ayuda al prójimo.

Otro diez por ciento lo apartarás para **ahorro** a largo plazo.

Tal vez en diferentes cuentas o alcancías, acorde con los diferentes objetivos que tienes a futuro.

Por ejemplo aquí pudiera estar el ahorro para alcanzar tu casa propia o mejorar la que ya posees.

Tal vez necesites ahorrar para la compra de un auto, o para unas vacaciones, o para la educación de tus hijos.

Y **otro diez** por ciento lo apartarás para **invertirlo**, de manera que el dinero trabaje para ti.

Sobre qué tipo de inversiones son las más convenientes hablaremos más adelante.

Con el **setenta por ciento** restantes necesitarás administrarte para llegar hasta fin de mes. No es tarea fácil, sobre todo si desde un principio no podías vivir ni con el cien por ciento de tus ingresos.

Muchas personas dicen por ejemplo:

"Gano mil (1000) pesos por mes y necesito para vivir mil doscientos (1200), y ¿ustedes quieren que viva con setecientos (700)?

¡¡¡Esto parece una tarea para que Tom Cruise haga la quinta parte de Misión Imposible!!!

Sin embargo los hábitos son importantísimos para poder continuar y seguir dando pasos en ésta área.

Sin hábitos fructuosos es imposible ser libre en esta área.

Por eso habrá que instalar estos hábitos aunque sea en menores porcentajes.

Es por eso que aunque sea comienza con el **cinco por ciento** en cada una de estas tres alcancías como mínimo.

En la medida que comiences a disponer de tu dinero, empezarás a notar los milagros en materia económica que antes nunca habías advertido.

Si comienzas a trabajar de esta forma en tus finanzas personales entonces estarás dispuesto para pasar a la siguiente etapa.

Las cicatrices en el interior...

Pero antes de seguir avanzando, déjanos también comentarte que durante esta etapa habrá que **sanar** todas las **heridas** que tienes respecto del dinero para poder tener una economía sana.

Muchos de nosotros tenemos la afectividad lesionada en cuanto a los bienes se refiere.

Tal vez por la pobreza, por las carencias, o por lo que escuchamos sobre la abundancia.

Estas situaciones o comentarios han causado ciertas heridas que hoy obstaculizan nuestro crecimiento.

Este libro tiene también el objetivo de ayudarte a sanar estas heridas en la medida que lees palabras reparadoras y en la medida que pones en práctica los ejercicios.

De esta forma irás distinguiendo una nueva **experiencia emocional correctiva** que enmienda toda herida pasada.

Cada vez que experimentamos el **gozo** de crecer en cada área, nuestro psiquismo advierte con gusto ese cambio.

Por eso es muy bueno que perseveres en los nuevos hábitos que sugieren los ejercicios. Es una forma de ir sanando las experiencias frustrantes del pasado.

Ahora sí peguemos el salto a la siguiente etapa.

Etapa: Perseverancia y madurez.

La siguiente etapa se llama de Perseverancia y madurez porque aquí llegan sólo los que se han animado a **perseverar** en los hábitos que le permiten alcanzar el máximo nivel en cualquier tipo de emprendimientos.

Y también los que han logrado **permanecer** más allá de las ganas pasajeras, los entusiasmos inconstantes, los miedos o temores fortuitos, o más allá de cualquier estado de ánimo cambiante.

Al ser personas perseverantes las que llegan hasta aquí, es común verlas en lugares o roles a los cuales sólo acceden aquellos que permanecieron.

Es que la **perseverancia** frecuentemente te hace alcanzar estos lugares.

Son, por ejemplo, personas que mantienen parejas estables, o negocios estables, o son líderes grupales o sociales.

La perseverancia nos permite degustar algún tipo de éxito.

Pero veamos quienes son lo que llegan hasta aquí.

Es el que persevera en alguna empresa, o en algún comercio particular, o en algún servicio como profesional.

Fue así creciendo y dando pasos a lo largo de los años hasta alcanzar algún lugar de reconocimiento.

No todos llegan hasta aquí porque hay personas que tienen **otros valores** en sus vidas y crecer en lo laboral o en lo económico no es uno de ellos.

Muchos dicen, "yo quiero dedicarme a ser madre" o "a ser artista", o "a hacer algún deporte", y "crecer en lo laboral no es uno de mis objetivos en la vida".

Todos ellos se conforman con alcanzar cierto grado de estabilidad laboral que les permita sobrevivir o abastecer a su círculo social más próximo como la familia.

Frecuentemente encontramos personas que piensan así aun cuando tienen que dedicar muchas horas del día a una actividad laboral que detestan, o cuando sus ingresos no les alcanzan para dedicarse a aquello que sí les importa.

Es que su sentido de vida está puesto en otra parte.

Lamentablemente no pueden notar que en la vida se puede crecer también en éste aspecto aunque haya otros asuntos que parecieran más importantes o más trascendentes.

Pero bueno, por ahora veamos que hay personas que llegan a ser referentes sociales en ésta área gracias al sostenimiento de ciertas virtudes que les permiten acceder a los frutos de alcanzar los puntos máximos del autoempleo o de una empresa o de una institución.

Alcanzando la cima...

Pero aquí se presenta una gran dificultad, y es que el que ha llegado a algún lugar de reconocimiento social o familiar, piensa que ha llegado al tope o a lo máximo de sus capacidades.

Esta situación podría amplificar su soberbia o ego lo suficiente para no permitirle ver que el camino recién comienza.

Si quiere crecer realmente deberá abajarse nuevamente.

Es decir que necesitará la **humildad** que se requiere para seguir caminando en las siguientes etapas que le faltan.

Para crecer en estas cuatro etapas sólo se requiere de un poco de perseverancia y aprender a atravesar algunas desolaciones pasajeras.

Pero pasar a las siguientes etapas es una cosa totalmente distinta y se requiere cambiar profundamente en muchísimos aspectos. ¡Es un salto que pocos se atreven a dar!

Esperamos que tú te animes porque descubrirás las maravillas que se encierran en ti, y te acercarás a la felicidad plena y a la libertad de las últimas etapas de crecimiento.

Quisiéramos invitarte ahora a realizar el siguiente ejercicio...

Fíjate si puedes escribir en tu cuaderno aquellos emprendimientos que has podido **sostener** más allá de los vaivenes emocionales.

Escríbelos y toma nota de **cómo** has **logrado perseverar**.

Notarás que seguramente en esos emprendimientos hubo momentos de zozobra y de inseguridades, pero igualmente pudiste seguir adelante.

Tómate unos segundos para dar cuenta de cómo fue que lograste perseverar y luego nos volvemos a encontrar.

Bienvenido nuevamente.

Ahora será el tiempo de pasar a las siguientes etapas en donde el salto tal vez te de **vértigo**, pero si quieres dar un gran paso deberás comenzar a secundar la parte de **héroe** que tienes en tu interior.

Permítenos antes invitarte a leer este capítulo algunas veces y a realizar los ejercicios que proponemos.

Nos encontramos en el siguiente capítulo.

¡Viví la vida con plenitud!

Canaletas

¡Hola! ¡Bienvenido nuevamente!

Ahora vamos a **introducirnos** dentro del área de la Economía Personal y la Vocación pero en la segunda gran etapa de las "**canaletas**".

Para acceder a este nivel hará falta el conocimiento particular y específico de un "**ingeniero**" en lo económico y en lo laboral.

Es decir que no se trata de crecer en base a las creencias habituales como... "trabaja duro", sino de un cambio profundo en tu ser.

Siendo Servidor...

Si quieres crecer tendrás que transformarte en "**servidor**" de muchos.

¿Qué queremos decir con esto de ser servidor de muchos?

El siguiente es un **tema clave** para tu vida, por eso te proponemos que prestes mucha atención porque puede cambiar no sólo tu economía personal para siempre sino también cualquier otra área en la cual apliques el mismo concepto.

Generalmente en la vida crecemos en lo económico y en lo laboral en base a una posición de "**demanda**".

Y este posicionamiento se nos pega tanto interiormente que cuando pensamos en crecer más, imaginamos que lo podremos lograr el día que "alguien" nos **proporcione** más.

Es decir que frecuentemente esperamos que **alguien** nos aumente el sueldo, que **alguien** nos compre un producto, que **alguien** decida cuántas horas trabajaremos, que **alguien** nos cobre menos impuestos, que **alguien** nos subsidie algún gasto, etc.

Es decir que estamos frecuentemente en una posición de demanda en donde **otra persona** tiene el control y el poder sobre nuestro trabajo o sobre nuestra economía.

Cuando individualmente no tenemos éxito en nuestros reclamos entonces solemos aliarnos a otros en la búsqueda de estos reclamos y demandas. Por ejemplo los sindicatos u otras organizaciones de este tipo en todo el mundo trabajan de esta forma.

Seguramente que muchas demandas son justa y no tenemos nada que decir en contra de ellas o de la estrategia del reclamo colectivo.

Indudablemente cuando uno reclama en soledad no tiene el mismo poder que hacerlo en conjunto, por eso los reclamos colectivos son muy exitosos.

Pero sí queremos hacer aquí una diferencia en lo **individual**.

Posicionarnos siempre desde el lugar de **demanda** nos puede hacer perder la capacidad de diseñar nosotros mismos nuestros resultados y nos deja ante la debilidad de depender, una y otra vez, de otros para conseguir lo que queremos.

Es decir que al estar continuamente reclamando, hago que otros tengan poder sobre cuestiones que tal vez yo mismo pueda decidir.

De nuevo, no está mal el reclamo individual o el reclamo colectivo. Muchos de los derechos humanos universales de los que hoy gozamos se los debemos a los grupos que valientemente han defendido estos reclamos.

Pero para seguir creciendo en libertad hace falta también tener la perspectiva de transformarse en un servidor de otros.

La **demanda** centra en qué puedo **obtener** de otro o de otros.
El **servicio**, por el contrario, me centra en qué puedo **dar** a otro o a otros.

Es un cambio radical y más profundo de lo que te puedas imaginar.

Sobre el servicio hay más para agregar...

Hay personas que quieren servir en algo que nadie necesita.

Este tipo de servicio está más orientado a la satisfacción del propio **yo**, es decir que habla de algún deseo un tanto egocéntrico. Por eso no obtienen buenos resultados.

En cambio aquel que se compromete a servir con aquel producto o servicio que muchas personas necesitan, fácilmente obtiene una respuesta favorable del entorno.

Por eso, esta etapa de canaletas, supone que habrá que cambiar de posición ante la sociedad y transformarse en un servidor.

La tentación...

Al principio de esta etapa suele suceder que por momentos se quiera volver hacia atrás, es decir hacia la posición de demanda dado que en el umbral de la etapa no se visualizan fácilmente los resultados que quisiéramos alcanzar.

Ésta es una gran **tentación** del que ha llegado hasta aquí.

Habrá que sostener este posicionamiento, y esperar que los frutos se manifiesten.

Ser **servidor** significa estar más atento a lo que **otros** necesitan, por supuesto para ofrecerles algo de lo que tenemos.

Por eso para ser servidor hay que saber qué es lo que tenemos para ofrecer.

Es desde aquí que es muy bueno conocer bien nuestros **carismas** y nuestra **vocación**.

Pegando el salto hacia a la vocación...

La gran diferencia entre la etapa de las "**Canaletas**" comparada con la etapa de "**Sacar agua del pozo**" también tiene que ver con pegar un salto para dedicarse de lleno a la vocación.

Nadie llegará a la última etapa de la "**Lluvia**" sin estar dedicado a tiempo completo a su vocación.

Es que sólo aquellos que han dedicado su vida a lo que más les apasiona marcan una diferencia con el resto de las personas que tal vez han hecho bien las cosas, y hacen algo que les gusta, pero no de lleno en su pasión.

Fíjate en las grandes personalidades de la historia. Todas ellos han hecho algo que les tomó la vida y que los apasionaba.

Algunos de nosotros queremos crecer en ciertas áreas de nuestra vida pero sin jugarnos por aquello que nos apasiona.

Esta etapa es el momento de pegar el salto.

En un principio ese salto genera **vértigo** porque no sabemos si realmente estamos buscando nuestra vocación o estamos bajo un rapto de locura.

Al mismo tiempo, tal vez, todo nuestro sistema económico está basado en la etapa anterior, y sostiene una estructura en donde nuestros ingresos provienen de fuentes que nada tiene que ver con nuestra vocación o fuentes que no nos permiten tener tiempo para dedicarnos a aquello que más nos apasiona.

De experimentado a aprendiz...

Conocemos un hombre que comenzó a estudiar arquitectura pasados los cuarenta años. Trabaja en una empresa estatal desde hace más de veinte años.

Ahora que se recibió no sabe cómo hacer para dedicarse a aquello que le apasiona como es la construcción de casas.

La totalidad de sus ingresos proviene del salario en la institución estatal. No tiene ahorros ni otras fuentes de ingresos.

Es decir que comenzar a trabajar como Arquitecto significaría tirarse a una pileta que no sabe si tiene algo de agua.

En nuestro lenguaje, significaría comenzar a dedicar tiempo para construir las canaletas en el área de la Arquitectura.

Esto tal vez le demande mucho esfuerzo y un coraje inusitado dado que pasaría de ser alguien experimentado y con muchos años de antigüedad en una institución, a ser un aprendiz en el área de su vocación.

¿Puedes notar que se necesita **coraje** y **mucho más**?

Ese "**mucho más**" significa que solamente con el coraje no basta.

Una persona que se lanzara a renunciar a su trabajo luego de veinte años de antigüedad por una vocación insipiente, sin ahorros, sin fuentes alternativas de ingresos, sin un plan determinado, y sin algún referente que lo ayude a caminar, más que "corajudo" sería un "**temerario**" o un "**imprudente**".

Aquí se necesita ser "corajudo" pero al mismo tiempo hay que ser muy inteligente para ir construyendo una ingeniería que nos permita ir sacando el pie de lo antiguo para ponerlo poco a poco en lo nuevo.

Pasos para dar el salto.

En **primer** lugar hay que tener bien en claro cuál es la **vocación**.

Por eso es importantísimo que vayas descubriendo la tuya.

En **segundo** lugar hay que comenzar a armar una **estrategia** que te permita ir dando los pasos necesarios para que puedas pegar ese salto.

De esto trataremos ahora...

La forma más inteligente y apropiada de construir las canaletas económicas que te permitan poder dedicarte de lleno a tu vocación es la edificación de estructuras de ingresos alternativos que provengan de **activos** concretos.

Un "**activo**" es un emprendimiento o inversión que te genere ingresos.

Pero aquí queremos detallarte algo en particular sobre estos activos de los cuales estamos hablando.

La idea es que sean activos en el cual no necesites estar presente para que esos ingresos se generen.

Muchas personas quieren invertir en un negocio en el cual tienen que estar presentes, y cambian de pasar de ser **empleados** a ser **autoempleados**.

Frecuentemente este cambio termina por esclavizarlos más que antes.

Por eso aquí la idea es invertir en activos en los cuales uno no debería estar presente.

Habitualmente se necesita rodar el emprendimiento con nuestra presencia, pero la idea es diagramarlo para que el negocio, emprendimiento o inversión, luego continúe sin que necesitemos estar allí.

Tal vez te preguntes o te cuestiones sobre lo difícil que es hallar un tipo de activo como el que te sugerimos aquí.

Para alguien que no tiene experiencia en el tema, en primera instancia le parece difícil, pero para el que mira el mundo con anteojos que le permiten observar dónde se encuentran esta clase de activos, no es tan dificultoso.

Los que aprenden a escribir a máquina en un teclado con todos los dedos saben que al principio escriben muy pocas palabras por minuto.

Con sólo una hora por día de práctica, durante tres meses, logran escribir diez veces más palabras que al comienzo.

¿Te das cuenta? La práctica hace que desarrollemos habilidades de una forma tal que nos sorprendemos a nosotros mismos.

En la práctica del golf, por ejemplo, cuando alguien comienza, siente que para que la pelotita entre en un hoyo necesita de ¡¡¡cuatrocientos golpes!!!

Con la práctica se puede ir afinando la técnica, y al poco tiempo comienza a bajar la cantidad de golpes que necesita para que finalmente la pelota alcance el hoyo.

De hecho se inventó un instrumento para que todo aquel que comienza a jugar al golf pueda competir. Se le otorga un handicap que le permite competir contra otros jugadores más experimentados.

A medida que su juego mejora con la práctica, y con clases para aprender las técnicas adecuadas del juego, entonces el handicap comienza a bajar rápidamente.

Algunos llegan un día a un campo de golf y al ver lo difícil que aparenta el juego se frustran y nunca más vuelven. Otros, sin embargo, perseveran y aprenden de los que saben hasta que logran dominar la técnica del juego.

Con el tema de los activos sucede de manera similar. Algunos creen que es muy difícil hallar un activo si se carece de dinero, o si no se poseen conocimientos específicos de negocios.

Pero la verdad es que es una práctica como cualquier otra. En la medida que el ojo se acostumbra a mirar el mundo en la búsqueda de posibles activos acordes a nuestras posibilidades económicas, se comienzan a notar por todas partes.

La idea es que desarrolles esta nueva forma de observar.

Pero antes también déjanos proponerte algo más...

Intenta encontrar no sólo activos acordes a tus posibilidades actuales de inversión, sino que también que éstos sean **atractivos** para ti.

Es decir que cuando inviertas, lo hagas en algún activo que te seduzca.

Posiblemente vender tuercas a Corea del Norte pueda ser un activo importante, pero si ese negocio no te seduce, entonces difícilmente le prestes la atención necesaria para crecer en él.

Cuando se comienza a pensar en activos, los primeros que vienen a la mente son las bienes raíces. Por ejemplo comprar una propiedad y rentarla.

Pero este tipo de activos deja afuera a muchos que no tienen el capital para tamaña inversión inicial.

Para otros, sin embargo, este tipo de activos es muy pequeño porque tienen un capital de inversión tremendo, y pueden hacerlo en un nivel de negocios mucho más rentable.

Por eso el tema de los activos tiene que **adaptarse** a tus posibilidades.

Cuando nosotros aprendimos sobre el tema de los activos no teníamos **ni un sólo centavo** para invertir.

Así fue que lo primero que tuvimos que hacer es aprender a separar un **diez por ciento** de nuestros ingresos para ese propósito.

Pero la cosa se puso difícil porque las deudas eran muy grandes y no podíamos vivir con el otro noventa por ciento.

Así fue que comenzamos por un porcentaje de inversión menor en activos que pudieran comenzar con pequeñas sumas de dinero.

En un principio nos costó encontrar en qué puede invertirse con tan poco capital.

Con el tiempo comenzaron a aparecer múltiples formas de activos que siempre habían estado allí pero que nosotros nunca habíamos tenido ojos para observarlos o la disciplina necesaria para apartar algo del ingreso cotidiano.

Así aparecieron las posibilidades de invertir en acciones de empresas que nos agradaban.

Los libros que escribimos y los audios que grabamos son también una inversión de activos, y tienen que ver más todavía con nuestra vocación de compartir conocimientos que hagan crecer a las personas como tú y que las ayude a desarrollar progresos concretos en todas las áreas de la vida.

Personas que conocemos comenzaron con poco dinero invirtiendo en la compra de un vehículo para que trabaje como un taxi, o en camionetas de traslados de pasajeros, o en emprendimientos de algún tercero.

Otros, con mayor capacidad de inversión, comenzaron la construcción de emprendimientos turísticos.

En fin, hay múltiples activos que se pueden adaptar a tus posibilidades pequeñas o grandes.

La idea es que cada mes logres apartar un porcentaje concreto de tus ingresos y lo destines a la compra de activos.

Tal vez necesites primero apartar algunos meses hasta que la suma alcance cierto volumen para invertir en lo que deseas.

Pero igualmente para invertir en acciones u obligaciones del estado no se necesita más que unas pocas monedas.

Tienes que tener en cuenta que no necesitas **reinventar la rueda**.

Hay muchas personas que saben sobre el tema y te pueden ayudar a encontrar la forma de inversión que más se adapte a tus posibilidades.

Pero cuidado, algunos de ellos sólo quieren llevar agua para su molino y te proponen inversiones en dónde sólo son ellos los que obtienen dividendos o porcentajes de ganancias.

Por eso la mejor manera de buscar activos es observar a tus **modelos**, a aquellos que han crecido en lo económico y te pueden dar pistas sobre en qué invertir.

También hay múltiples libros, audiolibros, seminarios o talleres que te permiten crecer en esta área.

Autores como Kiyosaki, Harv Eker, Camilo Cruz, y otros muchos, te pueden también ayudar a crecer en esta propuesta.

Nosotros hemos desarrollado libros y aodiolibros que ayudan a dar pasos.

Meses atrás en un taller presencial, luego de la introducción al tema de los activos a personas que nunca antes habían escuchado

sobre el tema, hicimos la pregunta clave de buscar activos que se les ocurrieran y que tengan también que ver con gustos personales.
Ni te imaginas la cantidad de propuestas que surgieron de personas que nunca antes habían intentado pensar siquiera en estos contenidos.

Algunos, a quienes les atraía el tema del campo, pensaron en invertir en ganado o en un pool de siembra, es decir de juntarse con otros inversores para producir en el área de la agricultura o de la ganadería.
Otros pensaron en invertir en la cría de caballos.

Algunos otros, que estaban más pendientes de la vida saludable, pensaron en invertir en un comercio de insumos de comidas saludables.
De ese mismo grupo surgieron ideas de invertir en camas especiales para ejercicios como Pilates o en camas térmicas, o en un gimnasio, o en un spa.

Otros, a quienes les atraía más el mundo de las finanzas, pensaron en acciones de empresas que admiran, o en papeles de deudas de diferentes países.

Otros que disfrutan de los viajes y el turismo, comenzaron a soñar con inversiones productivas turísticas, inversión en bicicletas para montaña, en turismo aventura, en camionetas cuatro por cuatro para excursiones, en botes para llevar a personas a pescar, en venta de alimentos o bebidas en la playa, etc.

Cada uno así fue buscando dentro de su área de atracción, activos que pudieran ser rentables y que no necesitaran de grandes sumas iniciales.

Ahora te toca a ti encontrar esos activos que se adecuen a tus posibilidades.

Por eso te invitamos que en tu cuaderno anotes todos aquellos activos que se te ocurran y que te gusten.

Por el momento anota todos lo que se presenten en tu mente. Intenta no fijarte en cómo es que irás a dar un paso, sino solamente en qué tipos de activos te atraen.

Acuérdate que tienen que tener en común que no necesiten de tu presencia o que la requieran sólo en el inicio.

Luego nos volvemos a encontrar.

Bienvenido nuevamente.

¿Cómo te fue con el ejercicio?

Si has podido anotar varios posibles activos te felicitamos.

Si no se te han ocurrido muchas formas de inversión, no desesperes porque a medida que crezcas en esta área se te irán presentando mayores oportunidades de inversión porque desarrollarás una visión que te facilitará encontrar activos.

Para comenzar necesitas hacer un compromiso concreto de **apartar** cierto porcentaje de tus ingresos para este fin.

Acuérdate que aunque sea muy poco en un inicio no importa.

Lo más importante es **desarrollar** el **hábito** de la construcción de las canaletas que te permitan recibir el agua sin tantos esfuerzos.

También ten en cuenta que como dijimos anteriormente, es necesario aprender a disciplinarse en apartar un diez por ciento para el diezmo, un diez por ciento para el ahorro a largo plazo, y un diez por ciento para invertir.

La libertad económica surge desde estos ¡¡¡tres chanchitos!!!

El **diezmo**, es la parte de tus ingresos que apartas para dar a otros más necesitados.

Esto psicológica y espiritualmente te coloca en el lugar de **abundancia**, y de generador de oportunidades para otros.

También te coloca en el posicionamiento de "**dar**" y no de "demandar". Esta es una postura muy importante para el psiquismo.

La persona que no logra apartar un porcentaje para dar, en última instancia tiene un psiquismo que lo posiciona en la **escasez**, en la situación de no poder tener suficiente, o en la tacañería.

Todas estas posturas le impedirán seguramente alcanzar la libertad económica que desea.

El **ahorro a largo plazo** te posiciona en el lugar de diagramar y planificar aquellas cosas que quieres adquirir y que necesitan de **perseverancia** y **disciplina** para alcanzar el objetivo.

Algunos sufren la tentación de adquirir cosas y pagar luego. Así son las dinámicas de las tarjetas de crédito.

Lamentablemente este hábito trastoca el psiquismo y te hace disfrutar algo que todavía no es tuyo.

Totalmente diferente es la dinámica de ir disfrutando el proceso de adquirir aquello que anhelas, y disfrutarlo en su totalidad en el momento que lo adquiriste por completo.

Por eso, este chanchito del ahorro a largo plazo es también muy importante para alcanzar la libertad económica que te proponemos.

Y el tercer chanchito es la **inversión**, de la cual estuvimos hablando recientemente.

Apartar de tus ingresos un porcentaje para invertir te posiciona como **señor del dinero**. Es decir que comienzas a ordenarle al dinero que trabaje para ti en lugar de estar tú trabajando por el dinero.

Fíjate que es una postura totalmente diferente. Comienzas a tener de empleado tuyo al dinero. Y el dinero ama a aquel que lo sabe administrar bien y es su **amo**.

En cambio el dinero puede ser un déspota dictador y opresor de aquel que se le somete.

Tú elijes de qué lado quieres estar.

Por ahora querido camarada de viaje, te proponemos que hagas un compromiso concreto de cuánto vas a apartar este mes para estos tres chanchitos.

El compromiso necesita ser escrito en tu cuaderno, de manera que sea fácilmente recordable.

Si no puedes en un principio apartar un treinta por ciento, decide hoy mismo con qué porcentaje estás dispuesto a comenzar tu construcción de las canaletas.

No hay **excusas**, así como para crecer en espiritualidad e intimidad se requiere de un tiempo de oración o de autoconocimiento, también para crecer en lo afectivo y en lo vincular se requiere de un tiempo y un espacio para crecer en la relación con otros y contigo mismo, en el estilo de vida y el disfrute se necesita de apartar un tiempo de dedicación para tu cuerpo, para el descanso, para el disfrute, para las vacaciones, aquí en esta área también se necesita de una acción concreta y de tiempo de dedicación para aprender a administrarse y construir canaletas que te permitan acceder a la libertad económica que sueñas.

Sin estos **tres chanchitos** es prácticamente imposible que alcances la libertad en materia financiera.

Si por algún motivo recibes una gran suma de dinero por medio de la lotería o una herencia o una donación, sin el hábito de los tres chanchitos esa suma se te escurrirá de las manos como el aire.

Si por algún motivo decides esperar a "estar mejor" económicamente para comenzar con los tres chanchitos, también es señal de que difícilmente llegarás a la libertad económica.

Porque así como actúes en el
presente así será tu **futuro**.

Por eso ahora es importantísimo que desarrolles el hábito de administrarte con una psicología y una espiritualidad sana.

Escribe en tu cuaderno personal el compromiso de apartar estos porcentajes.

Decide con firmeza comenzar hoy mismo tu construcción de canaletas.

Puedes colocar una frase así:

"Me comprometo a que en este mes voy a apartar el ....(puntos suspensivos para ser llenado por ti) por ciento de mis ingresos para los tres chanchitos"

Luego colocas la cifra del porcentaje y lo firmas.

El siguiente paso será conseguir **concretamente** esos tres chanchitos para que los visualices con frecuencia.

Pueden ser tres frascos, tres sobres, tres algo...

Es importantísimo que consigas hoy mismo los contenedores de tu libertad económica.

Y una vez que escribas tu compromiso nos volvemos a encontrar.

Bienvenido nuevamente.

Tal vez te encuentres en una situación en la cual te parezca no poder encajar con lo que te venimos proponiendo por atravesar diferentes circunstancias.

Por ejemplo tal vez eres muy **joven** y todavía no tienes trabajo o ingresos, tal vez eres muy **mayor** y pienses que ya no tienes edad de comenzar a apartar sumas de dinero para invertir o para ahorrar a largo plazo, o tal vez eres adulto medio pero te encuentras **desempleado**.

A ti entonces te contamos que no importa donde estés, allí deberían estar también tus tres chanchitos esperando que algún día les proveas con un poco de ¡¡¡alimento!!!

Tal vez por ahora estén medios **anoréxicos** porque no les cae ni una moneda, o tal vez en algún momento estuvieron presentes en tu vida pero fueron **bulímicos** porque tú los hacías vomitar cada mes para pagar las deudas o los gastos cotidianos.

No importa cómo fue tu **pasado** sino cómo es tu **presente**.

Comienza hoy mismo con tus chanchitos y cuando ingrese algún dinero para ti, dales también a ellos un poco de alimento. Pronto estarán bien **gorditos**.

Y por favor ¡¡¡no les metas los dedos a fin de mes para que vomiten!!!

Milagros comienzan a suceder financieramente en el momento que comenzamos a administrar con señorío nuestra economía.

Una persona de ochenta y tres años nos compartía en un taller lo siguiente...

Ella sentía que no tenía tiempo para comenzar a ahorrar o invertir porque ya era muy mayor.

Durante el taller descubrió que posicionarse en la administración de los tres chanchitos le servía para estar en un lugar de creadora de oportunidades para otros y de fecundidad no sólo económica sino espiritualmente.

Decidió entonces utilizar ese diez por ciento de inversión para promover el proyecto de alguien que ella quería y así trascenderse más allá de las limitaciones de la edad.

Fíjate que para ser fecundo no hay una edad adecuada.

Lo mismo sucede para colocarse en una situación de demanda.

Una persona puede ser **demandante** toda su vida y nunca crecer hasta la fecundidad.

Al mismo tiempo, ponerse a ahorrar a largo plazo, aún a edad avanzada, es una forma de decirle a tu psiquismo que eres ¡joven!, y también es una forma de asegurarte que la edad nunca es un impedimento para tener buenos hábitos.

Para los jóvenes también este desafío es muy importante, porque siempre, por más joven edad que tengas, manejas cierta cantidad de dinero.

Aprendiendo a manejarlo con buenos hábitos es una forma de asegurarte que pronto serás libre.

Entonces recapitulemos...

Para construir canaletas económicas se necesitan de **nuevos hábitos administrativos** que nos acerquen a la libertad económica necesaria para poder dedicarnos más y más a nuestra vocación.

Esos nuevos hábitos comienzan con los **tres chanchitos** y una disciplina férrea que ayude a sostener la construcción de las canaletas.

En el próximo capítulo aprenderemos más sobre cómo ir atravesando esta etapa de construcción de canaletas sin desesperarse ni perderse en el transcurso del recorrido.

Mientras tanto ¡¡¡viví tu vida con plenitud!!!

Canaletas
(segunda parte)

¡Hola! ¡Bienvenido nuevamente!

Ahora nos **sumergirnos** en la **segunda parte** de la etapa de las "**canaletas**".

Ya fuimos observando juntos cómo comenzar una arquitectura que te permita alcanzar la libertad y la fecundidad económica que deseas.

Esta construcción está diseñada por aquellos que saben de canaletas en esta área.

Frecuentemente nos encontramos con personas que nos invitan a participar de estrategias de crecimiento económico pero que, si uno observa detenidamente, esas mismas personas están quebradas financieramente y sólo tienen "**buenas ideas**".

En esta etapa hay que escuchar particularmente a aquellos que son testimonio de libertad y fecundidad económica.

La estrategia de los tres chanchitos es propia de aquellos que saben del tema.

Pero vayamos ahora un poco más allá.

Una vez que comiences a trabajar en los nuevos hábitos administrativos, tendrás que **determinarte** a **continuar disciplinadamente** pase lo que pase.

Es que al principio pareciera ser que no veas claramente los **frutos** de tamaño esfuerzo.

Veamos un ejemplo de lo que te estamos diciendo...

Imagínate que tienes un ingreso de **1000** (mil) pesos por mes.

Y te cuesta llegar hasta fin de mes con los gastos habituales de tu vida, aunque no caigas en consumos suntuosos o excesivos.

De repente venimos nosotros y te decimos que tienes que vivir con **700** (setecientos) pesos por mes.

Esta estrategia pareciera ser más la de un "**mago**" que la de un buen administrador, porque la idea propone una situación muy difícil de sobrellevar.

Pero imagínate que te ciñes el cinturón y arremetes con la propuesta...

Disciplinadamente **el primer mes** apartas **300** (trescientos) pesos para darle a cada chanchito un rico y abundante billete de **100** (cien) pesos.

Este primer tiempo te las ves en figuritas haciendo malabares para llegar a fin de mes. Verás recortado de tu presupuesto gustos que antes te dabas.

Por ejemplo antes ibas al supermercado y te comprabas alguna pequeña exquisitez. Ahora con estos 700 (setecientos) pesos no te puedes dar más esos pequeños lujos.

¿Captas el ejemplo?

Ahora que comenzaste a ser señor de tu dinero y apartaste un porcentaje de tus ingresos para darle de comer a tus queridas nuevas mascotas, y que bla, bla, bla, parece que estuvieras ¡¡¡peor que antes!!!

Y esto es ¡¡¡sólo el comienzo!!!

Imagínate **el segundo mes**, cuando todavía tampoco adviertes muchos frutos de semejantes esfuerzos.

Imagínate **el tercer mes**, y todavía nada... y comienzas a mirar a tus mascotas los chanchitos y al cuchillo de cocinero que tienes en la cocina al mismo tiempo.

Y de repente te imaginas ¡¡¡destripando a algún chanchito para darte un gusto!!!

Imagínate el **cuarto mes**: ¡¡¡¿qué canaletas ni ocho cuartos?!!!

“En la vida hay que darse gustos!!!, hay que disfrutar ahora, total quien sabe si estaremos mañana”

Y así comienzan a aparecer todo tipo de creencias que sabotean la estrategia.

Estas ideas que te asaltan te proponen comprar cosas y consumirte a los chanchitos de un bocado.

Imagínate **el quinto mes**, si es que te puedes imaginar como sigue la historia...

Así es que este cuento de los chanchitos parece fácil y divertido, pero la etapa de las canaletas es una etapa de purificación por la cual muy pocos se atreven a caminar.

Por eso hay tan pocas personas que son realmente libres económicamente.

En un momento comienza a asaltar la tentación de volver para atrás.

Y es que lógicamente antes tenías (**300**) trescientos pesos más por mes para darte gustos.

Entonces la persona siente que la libertad está muy lejana y deja de secundar los hábitos que le permitan acceder a ella.

Comienza así un camino de retroceso y de secundar creencias mágicas de que la libertad económica la va a alcanzar con un "golpe de suerte"

Las **canaletas**, quieras o no, es una etapa de **purificación** y de crecimiento en la **fe**.

Es **esperar** lo que todavía **no ves** del todo claro.

Es **creer** más allá de que **no se observa** por el momento ni una gota de agua.

Cuando sacabas agua del pozo por lo menos veías una gota de agua después de tanto esfuerzo.

Ahora, en cambio, mientras construyes las canaletas no puedes ver ni una sola gota de agua.

Y además tienes ¡menos agua que antes para tomar cotidianamente!, porque le sacaste el 30 (treinta) por ciento para construir las canaletas.

Si tuviste la posibilidad de leer los otros libros o audiolibros que hicimos sobre otras áreas como TeoPsicología o TeoGenética o TeoTerapia, notarás que en todas ellas la etapa de las canaletas es difícil y requiere de una perseverancia especial.

Por eso aquí hay que sostener el objetivo de la libertad financiera bien alto y no desfallecer en el intento.

Una vez que se comienza con la construcción, volver para atrás es volver a una situación peor que la anterior.

En cierto sentido el achicarse en los gastos y apartar una suma para invertir, para ahorrar, o para dar, es una forma de tener esperanza en la **libertad futura**.

Pero cuando uno vuelve para atrás, es señal que asesinó esa esperanza y en el horizonte sólo queda la posibilidad de seguir siendo **esclavo**.

Secundando la Gracia...

Para crecer en esta etapa se necesita de una especial sensibilidad para secundar la "**Gracia**" que nos lleve hasta la libertad.

Pero ¿qué es la "Gracia"?

La Gracia es un movimiento interior que te lleva hacia la verdad y hacia lo bueno.

Para los que gustan de la vida espiritual, la Gracia es la bendición de Dios mismo en tu vida cotidiana.

Para los no tan creyentes, la Gracia es un movimiento interior que te lleva a la paz, a la virtud, a crecer, y hacia la libertad.

Para que veas la diferencia, el movimiento contrario a la Gracia te lleva hacia la ira, la preocupación, la ansiedad o depresión extrema, hacia la esclavitud.

Es decir que ese movimiento contrario te lleva hacia la "Des-Gracia".

¿Entonces?...

Hay movimientos interiores que luchan entre sí.

Unos te empujarán a volver hacia la esclavitud, pero hay otros movimientos que te empujan a mantener la fe y la esperanza en la libertad.

Tú decides qué movimiento vas a secundar.

Indudablemente habrá una batalla interior de creencias ancestrales que pujaran por ganar la victoria.

Unas de ellas vienen de generación en generación a través de tu familia o cultura, y habrá otra serie de creencias que pertenecen a aquellos que realmente han accedido a la libertad económica y te invitan a que tú también lo hagas.

En esta etapa la lucha es encarnizada. Y es más cruel dependiendo en parte de la **humildad** o no de la persona.

Las personas más **humildes** se dejan guiar por aquellos que saben, de manera más sencilla.

Los **soberbios**, en cambio, siguen defendiendo las creencias que no les dieron resultados, pero que aparentan "lógicas", y que son las aprendidas en su familia, en su cultura, o por su propia experiencia.

Secundar la gracia es una tarea de lo más fructífera, siempre y cuando el interior esté dispuesto a dejarse conducir.

A su vez, secundar la gracia es una forma de lo más novedosa para aquellos que estaban acostumbrados a dejarse conducir por cuestiones meramente lógicas, o por creencias cotidianas.

La gracia puede hacer que comencemos a **dar pasos** en una dirección que no teníamos del todo pensado, o que nos **frenemos** ante un gasto que pensábamos que era lógico y necesario.

A su vez, tener un buen **referente** durante esta etapa es muy bueno.

Es que en realidad estamos un poco ciegos durante esta etapa.

Por un lado dejamos de lado hábitos antiguos que nos daban ciertas seguridades, y todavía no tenemos instalados los hábitos necesarios para acceder a la libertad.

Este traspaso es difícil de atravesar sin un referente que nos oriente y nos aconseje.

Por eso es muy bueno buscarse a alguien que sepa sobre el tema para que nos ayude a caminar con mayor certeza.

Tal vez a ese referente no lo tengamos a mano, pero posiblemente podamos acceder a un libro, a un audiolibro, a un taller, que nos ayude a caminar en esta etapa.

La peor estrategia es jugártelas en **soledad**, es decir sin nadie con quien compartir las decisiones cotidianas.

Porque esta actitud encierra la posibilidad de la **soberbia** de querer saber todo sin consultar, y es así como te puedes derrumbar de manera catastrófica.

Y si por casualidad en alguna decisión le aciertas, entonces se fortalece más la actitud de la toma de decisiones en soledad y eso es más peligroso todavía.

Secundar la gracia significa estar atento a donde te lleva el **Espíritu**.

Aquí queremos introducir una idea que es más propia del **área espiritual**.

Las decisiones que son tomadas en **paz** generalmente tienen mayores posibilidades de tener éxito.

En cambio, las decisiones que son tomadas en momentos de **crisis**, de ansiedad, de temor, tienen mayores posibilidades de fracasar.

Es como alguien que está siendo arrastrado por una gran ola en la orilla del mar y cuando quiere salir afuera del agua para respirar toca el fondo con arena.

Cuando estamos en una revuelta así uno pierde la noción de donde viene y hacia dónde va.

En cambio, cuando estamos en paz es más fácil tomar decisiones con acierto.

Un gran sabio como San Ignacio de Loyola, padre de los ejercicios espirituales, aconsejaba tomar las decisiones importantes de la vida en momentos de **consolación**, es decir cuando estamos en paz y con todas las luces prendidas.

Al mismo tiempo decía que durante las crisis de la vida, es decir en momentos de **desolación**, lo aconsejable era no tomar grandes decisiones sino atenerse a las decisiones tomadas en la consolación precedente.

Hay veces que solemos hacer lo contrario.

Dejamos un trabajo cuando estamos en conflicto.

Renunciamos en medio de enojos o ira.

Emprendemos un nuevo negocio sólo movidos por un entusiasmo totalmente circunstancial.

Este tema de las consolaciones y las desolaciones lo abordamos con mayor amplitud en el libro "Teoterapia" y también en los audiolibros que focalizamos en el tema espiritual o psicológico, pero viene bien refrescar la idea aquí en el área económica.

Y por eso ahora también te compartimos algo que es más propio de la vida espiritual y del vínculo con Dios pero que te puede dar luces en tu camino de crecimiento económico y vocacional.

Tal vez tú no eres muy creyente pero sin embargo la idea igualmente te puede llegar a edificar.

Alguien una vez nos dijo: "si tienes problemas económicos, deudas, y escasez, es que Dios no está presente en tus decisiones".

Y agregó: "Dios es abundante en todo sentido, y si realmente lo sigues a Él, nunca te faltará nada, y tampoco tendrás deudas...".

La idea es atractiva, sin embargo nosotros vimos que había muchas personas que aparentemente seguían a Dios e igualmente estaban económicamente quebradas.

Entonces nos dimos cuenta que había que seguir a Dios a través de las ideas que nos llegaban por medio de aquellos que ya dieron pasos en el área.

En la vida espiritual suele suceder lo mismo. Si quieres crecer en tu religiosidad, en el vínculo con Dios, y en una espiritualidad seria, entonces es bueno dejarse conducir por aquellos que son referentes en materia espiritual, por aquellos que tienen una vida de oración cotidiana y que han dado pasos en ese sentido.

Pero lo cierto es que nosotros estábamos haciendo las cosas al revés.

Tomábamos decisiones a diario y después le decíamos a Dios: "por favor ayúdanos con este tema o con este emprendimiento o con esto otro".

Le decíamos a Dios que caminara detrás nuestro arreglando nuestros problemas económicos o bendiciendo nuestros proyectos.

En cambio, el camino de éxito es exactamente ¡¡¡**al revés**!!!

Primero consultar a Dios sobre cuál será la mejor decisión o camino a seguir, y seguirlo a Él con fidelidad y disciplina a través del consejo de los que saben o a través de las mociones interiores luego de haberlas discernido prudentemente.

Fíjate que esta postura es totalmente diferente.

Nosotros le decíamos a Dios: ven y síguenos, en lugar de decirle: te seguimos Señor.

¿Puedes notar la diferencia?

Secundar la gracia es seguir al Espíritu que nos llevará por caminos de abundancia.

Pero para secundar la Gracia hay que estar totalmente libre, flexible, y humilde para dejarse conducir por el Espíritu.

Pero nosotros te venimos hablando de secundar la Gracia y a Dios, y tú, tal vez no creas en Él.

Entonces a ti te decimos que aunque no creas en Dios, igualmente puedes hacer un discernimiento en base a la "**paz**".

Es decir que la paz es el indicador eficaz que te hace dar cuenta que vas por buen camino aunque todavía no veas los resultados esperados.

Cuando todavía no corre agua por la canaleta...

Cuando hay problemas y todavía no vemos que corra una gota de agua por las canaletas que estamos intentando construir, entonces es muy difícil **perseverar**.

Cuando notamos que nuestros **problemas se agudizan** es difícil mantener la construcción de las canaletas porque no vemos los frutos rápidamente.

Imagínate que tienes un trabajo estable de ochos horas diarias, y por el cual recibes un salario mensual.

Para llegar a ese trabajo tardas algunos minutos o tal vez horas de viaje. Es decir que las ocho horas diarias tal vez se transformen en diez horas diarias.

De repente venimos nosotros y te invitamos a comenzar a construir canaletas.

Es decir que esa construcción seguramente tendrá que ser realizada en el tiempo que te queda **fuera** de tu trabajo habitual.

A su vez tienes otras áreas de tu vida que reclaman tu atención y foco. La familia, el cuerpo, la recreación, la espiritualidad, etc.

Es decir que te queda muy poco **tiempo disponible** para trabajar en la construcción de las canaletas.

Imagínate que con tu salario habitual no lograbas sostener el estilo de vida que querías.

Es probable entonces que hayas buscado **otra forma de ingreso** de tiempo parcial.

Entonces, después de todo ese tiempo de dedicación, necesitas algunos minutos extras al día para dedicarte a la construcción de canaletas.

Es difícil ¿verdad?

Se requiere de mucha **fe** y **esperanza** para dar ese gran salto y dedicarle algunos minutos diarios a la construcción de algo que tardará algún tiempo en manifestarse.

Imagínate que trabajas **horas extras** para conseguir el ingreso necesario para subsistir.

Tal vez necesites renunciar a esas horas extras para dedicarte a construir las canaletas que te permitan acceder a la libertad económica que te proponemos. Pero el problema aquí es que al renunciar a las horas extras renuncias también a un ingreso extra que te permite subsistir.

Es decir que en un principio, el tiempo que te insume la construcción de las canaletas hace empeorar la situación anterior porque pareciera que ingresa todavía menos dinero que antes y todavía no vemos claro los frutos de tal esfuerzo.

Por eso son **pocos** los que se animan a dar el paso.

Muchos lo intentan algún que otro mes pero luego vuelven para atrás en búsqueda de lo conocido y aparentemente "**seguro**" que tenían antes.

Así, poco a poco se va alejando la libertad económica que anhelan y se conforman con llegar hasta donde llegaron.

Lo que queremos decirte aquí es que es posible llegar a esa libertad, estés en donde estés, pero se requiere de un **esfuerzo** y una **estrategia inteligente** para perseverar y también de un acompañamiento inteligente que te oriente para alcanzar la meta.

Esta etapa es similar tanto en el aspecto económico, como en el laboral, como en el afectivo, como en el vincular, como en el espiritual, o en algo que tenga que ver con tu estilo de vida y el disfrute.

Se requiere de grandes cambios para llegar a la tan ansiada libertad.

Miedo al fracaso...

Pero hay una prueba mayor que se supone hay que pasar durante esta etapa.

Es el miedo al fracaso.

Muchos comienzan a dar grandes pasos, se dejan conducir por los que saben, comienzan a ser dóciles ante las nuevas expectativas y metas, pero de repente viene un fracaso transitorio, se asustan, y vuelven para atrás.

Volver a caminar luego de un fracaso transitorio es una experiencia única que fortalece muchísimo a la persona. Si capitaliza ese aparente fracaso, luego se transforma en prácticamente **inmune**.

Las personas de éxito, en cualquier área, son las que no le han dado mucha importancia a los fracasos transitorios y han sabido leerlos desde la óptica del **aprendizaje**.

Es decir que el fracaso les sirvió para mejorar la puntería en el próximo intento.

Es como alguien que ajusta una mira telescópica de un rifle.

Irá tirando al blanco y ajustando la mira en base a los "fracasos" que no dieron en el blanco hasta que afina la puntería y finalmente acierta en el blanco.

Quien realiza esta tarea de ajustar miras telescópicas no diría al fallar la primera vez: "abandono el ajuste", "esta mira no sirve", o "esta mira siempre dispara torcido", o "nunca le acertaré al blanco".

Por el contrario el profesional en el tema irá ajustando los tornillos de la mira hasta dejarla en condiciones adecuadas.

Lo mismo necesitamos hacer nosotros cuando las cosas no nos salen como quisiéramos.

Tendremos que ir ajustando nuestra puntería hasta **dar en el blanco**.

Fuera el temor, bienvenida la esperanza...

Pero para continuar se requiere de **ESPERANZA**.

La mejor forma de fortalecer la esperanza es la **visualización** de aquello que anhelamos como si ya la hubiésemos obtenido.

Quien logra tocar el futuro con la imaginación, embebida plenamente con nuestros afectos, podrá tener el combustible necesario para perseverar en sus sueños.

Muchas veces cuando escuchamos el tema de la "visualización" o del "pensamiento positivo" nos parecen ideas mágicas, pero lo cierto es que en **psicología cognitiva** ésta es una herramienta súper efectiva.

El psiquismo está muchas veces limitado sólo por percepciones o creencias ficticias. Entonces, contar con un sistema de percepción y un sistema de creencias que se ajuste a nuestros ideales, y que no patee en contra, es todo un triunfo.

En el libro "**TeoGenética**", en el cual abordamos el tema de la "**EPIGENÉTICA**", profundizamos aún más en cómo el **sistema de creencias** y la **percepción** pueden modificar nuestra vida de manera radical.

La percepción y las creencias pueden modificar enfermedades crónicas o hasta terminales.

Por eso querido compañero de aventuras, te invitamos a que ahora decidas qué tipo de creencias y qué tipo de percepción deseas tener en tu interior.

Decide **ahora mismo** qué actividad cotidiana puedes realizar para comenzar a construir las canaletas que te permitan la libertad en ésta área.

Te damos algunos ejemplos que te pueden ilustrar el punto.

Alguien trabaja en una heladería como empleada durante ocho horas. Tiene una hora al mediodía para almorzar.

Llega a la casa, después de todas esas horas invertidas en su trabajo, y para ganar unos pesos más realiza arreglos de ropa con su máquina de coser.

De repente venimos nosotros y le decimos que además de todo eso podría dedicarle algunos minutos diarios a un proyecto de construcción de Canaletas.

Lo primero que pensará esa persona es que estamos bien ¡¡¡**chiflados**!!!

Y algo de razón tendrá porque para acceder a la libertad deseada hay que estar un poco "chiflado".

Quien es muy "**normal**", obtiene resultados "**normales**", es decir "**dentro de la norma**" común social.

Pero la libertad financiera no es algo muy común. Por eso siendo muy "normal" dudamos que consigas objetivos "anormales", es decir "fuera de lo normal".

Para obtener resultados **anormales** tendrás que ser un poco diferente a las personas comunes y normales. Tendrás que ser un ¡¡¡"**anormal**"!!!

Pero sigamos con el ejemplo de la empleada...

Entonces como no tiene suficiente tiempo para dedicarle a la construcción de las canaletas con un proyecto, por ejemplo de inversión en un activo, decide dejar la costura.

En un principio siente la inspiración y el entusiasmo de construir una estrategia que le permita ser mas libre económicamente hablando.

Comienza así por apartar un porcentaje de su ingreso del salario de la heladería para invertirlo en activos.

Aprender sobre inversiones le consume algo de su preciado tiempo.

En un principio no se le ocurren muchas estrategias adecuadas con sus pobres ingresos, pero con imaginación y creatividad decide comenzar a invertir en otras máquinas de coser para que otras personas realicen el trabajo y ella quedaría con un pequeño porcentaje de los ingresos totales.

Decide entonces apartar parte de sus ingresos para ir juntando para invertir en las máquinas.

¿Qué sucede?

Al comienzo gana menos dinero que en el pasado cuando era ella misma la que realizaba el trabajo de costurera.

Por lo tanto diariamente sufre la tentación de volver para atrás.

Un día una de las personas que hacía el trabajo por ella, lo realiza de manera negligente. Entonces tiene otra tentación todavía más fuerte que es pensar que nadie la puede reemplazar y hacer el trabajo de la manera en que ella lo realizaba.

¿Puedes notar que cada una de estas cuestiones es bien **lógica** y frecuente?

Por eso no temas si en un principio las cosas parecen empeorar.

Es parte de dar dos pasos para atrás para luego poder dar un mayor salto en largo y en alto.

Por eso ahora te invitamos a realizar el siguiente ejercicio...

¿Qué tipo de actividad o inversión puedes comenzar inmediatamente como forma de iniciar la construcción de las canaletas?

Anota todas las cosas que se te ocurran, **sin censurarlas** inmediatamente más allá de que por el momento te parezcan imposibles.

El ejercicio ahora supone un lanzarse a la creatividad y a despertar tu mente a diferentes posibilidades.

Te aconsejamos que esas actividades o inversiones tengan que ver con cuestiones **vocacionales** tuyas o con cuestiones que te seduzcan como atractivas, y que una vez que te pongas a investigar más sobre ellas te generen una sensación de **disfrute**.

Por ejemplo tal vez te gusten los autos, y el área de inversión podría rondar esta idea.

O quizás te agradan los deportes, o las películas, o la acción social, o las casas, o la vida espiritual, o las comidas, o los viajes, etc.

Hay múltiples áreas en las que podrías inmiscuirte para aprender en qué invertir sobre esa área.

Luego será el tiempo de comenzar a ver quiénes actualmente están invirtiendo de manera exitosa en esa área y así puedes comenzar a dar pasos de manera similar a ellos.

Fíjate que perseguir tus anhelos requiere de esfuerzo y perseverancia. Pero no perseguirlos también requiere de esfuerzo y perseverancia.

Nosotros preferimos esforzarnos por perseguir nuestros sueños e ideales.

Así el viaje hacia los objetivos más importantes de la vida, se llegue o no, es más disfrutable y lleno de alegría, y seguramente que también tendremos mas chances de alcanzar aquello que queremos al agregarle ese plus de entusiasmo que generan nuestros anhelos mas preciados.

Por eso no hay tiempo que perder.

Deja de leer este capítulo y busca las actividades o áreas de inversión que puedas comenzar a transitar desde esta misma semana.

Luego nos volvemos a encontrar.

¡¡¡Bienvenido nuevamente!!!

¿Cómo te fue con el ejercicio?

Seguramente ahora tendrás ante ti diferentes áreas de inversión y diferentes actividades de interés.

Ahora es el tiempo de comenzar a dar pasos sobre esa primera "tormenta de ideas" de posibles áreas de inversión.

El **segundo** paso es **investigar** sobre lo que tienes escrito allí.

Deberás **buscar información** sobre lo que fuiste escribiendo.

Por el momento no necesitas comprometerte con nada, sino que deberás solamente **buscar información** al respecto.

Pero claro, buscar información requiere invertir cierto tiempo de tu agenda cotidiana.

Es desde allí que te alentamos a que te comprometas con apartar cierta cantidad de minutos diarios para buscar información que tenga que ver con lo que fuiste escribiendo.

No basta con escribir algunas ideas. Ahora es tiempo de ¡¡¡ponerte en **acción**!!!

Si realmente quieres ser libre económicamente, entonces es tiempo que comiences a dedicar tiempo a esta meta.

Por eso es indispensable que ahora decidas cuándo iras a buscar más información sobre aquellas ideas, actividades e inversiones que se te ocurrieron.

Es muy importante que le pongas fecha y hora a esta decisión, sino quedará como un simple deseo perdido en el tiempo.

Por ejemplo si quisieras saber más sobre cómo invertir en actividades turísticas, entonces deberás decidir qué día de esta semana vas a dedicarte a buscar información al respecto. Tal vez a través de Internet, o visitando agencias de viajes, o hablando con un referente del área, o comprando alguna revista, etc.

Decide ahora mismo qué día vas a realizar esto.

Bien, ahora sigamos adelante...

En este momento también te ayudará el siguiente discernimiento.

De todas las actividades o áreas, que has puesto en tu cuaderno, intenta señalar aquella que te despierte más **entusiasmo** o alegría o paz.

Acuérdate que la palabra **Entusiasmo** viene de una raíz que significa **EN-TEOS** es decir, tener a Dios dentro de nosotros.

Por eso si alguna de las ideas que escribiste lleva este tipo de sello, te aconsejamos que comiences por allí.

El camino de las canaletas es un tiempo de **sembrado** en nuestros aspectos más **vocacionales**.

Requiere de mucha sabiduría interior y de un inmenso conocimiento de nosotros mismos.

Por eso esta etapa es posible sólo para aquellos que se animan a **bucear** en ese sentido.

Frecuentemente sólo seguimos ideas gustosas, o por el contrario tratamos de huir de algunos temores, pero sin tener en claro de dónde vienen estas mociones interiores.

Ahora es tiempo que persigas tus sueños y que le dediques con sacrificio el tiempo necesario a tu verdadera vocación.

Tal vez en el inicio te confundas un poco, pero bien vale la pena equivocarse un poco en la búsqueda de nuestros deseos más plenos.

Pronto notarás que "**el que busca encuentra**", y si tú perseveras en esta etapa, verás rápidamente como se comienzan a manifestar en tu vida los sueños y objetivos que siempre anhelaste.

Luego de perseverar durante bastante tiempo en la construcción de las canaletas no desesperes si no ves los frutos rápidamente. Tarde o temprano llega la tan ansiada última etapa de la lluvia que te contaremos en el próximo capítulo.

Lo importante es ir disfrutando la jornada hacia esa última etapa.

No te olvides que la vida es un **eterno presente**.

La manera de asegurar la plenitud y el disfrute futuro es comenzar hoy mismo por disfrutar cada minuto en el cual te acercas a tus sueños.

Mientras tanto ¡¡¡viví tu vida con plenitud!!!

Lluvia...

¡Hola! ¡Bienvenido nuevamente!

Ahora nos **zambulliremos** dentro de la última etapa en el área de la Economía Personal y la Vocación, que se llama "lluvia".

Por lluvia entendemos a la etapa en la cual recibimos los frutos de nuestras acciones pasadas, y vivimos nuestros sueños a pleno.

Ya fuimos viendo juntos cómo comenzar una ingeniería que te permita alcanzar la libertad y la fecundidad económica que deseas.

Esta construcción está diseñada por aquellos que saben sobre como edificar canaletas.

Pero las canaletas requieren cierto esfuerzo y conocimiento **especializado** en el área.

La lluvia es una etapa diferente de **fecundidad**, en donde comienzas a ser referente y **mentor** de aquellos que quieren llegar a la plenitud.

A su vez vives una libertad que la mayoría de las personas anhelan pero pocos se animan a perseguir.

La libertad económica comienza con la idea de tener ingresos que provengan de nuestros activos sin necesidad de estar nosotros presentes.

Es decir que contamos con todo el tiempo que queramos para dedicarnos de lleno a nuestra vocación y a nuestra misión.

¿Pudiste entender estos últimos conceptos importantísimos?

Es sumamente necesario que puedas tener esta idea de la libertad económica bien clara para poder percibir algo de ésta última etapa de la lluvia.

Para hacer un ejercicio que te acerque a la vivencia de esta etapa, quisiéramos proponerte lo siguiente...

Necesitarás de tu **cuaderno personal**.

Imagínate por unos minutos que te ganas una gran suma de dinero, como por ejemplo trescientos millones de dólares.

Tanto dinero que no necesitas preocuparte nunca más por intentar conseguir ingresos mensuales para vivir.

Con tanto dinero tampoco te preocupa cuánto cuestan las cosas.

Ahora en tu cuaderno escribe sobre a qué te dedicarías si no tuvieras que trabajar por un ingreso o no te preocupara el costo de las cosas o actividades.

Seguramente que en una situación así tal vez también quisieras comprarte algunas cosas, o realizar algunos viajes, o ayudar a algún familiar o a alguna institución de tu preferencia.

Anota todas estas cosas que harías, sabiendo además que gastes en lo que gastes, igualmente el dinero te llueve sin esfuerzo, es decir que **no se agota**.

Fíjate bien en detallar cada cosa que harías. Cada sueño que realizarías. Cada obra de bien que construirías.

En una situación así el dinero sólo magnificará quien eres por dentro.

Si eres **tacaño**, mucho dinero magnificará esta imperfección tuya.

Si eres **generoso**, el dinero sólo engrandecerá esta gran virtud.

Si eres **dispalfarrador**, mucho dinero acentuará este gran defecto.

Si **no sabes administrar** tus bienes, mucho dinero acrecentará esta grieta.

Por eso a esta etapa sólo llegan pocos que primero se trabajaron a sí mismos.

Pero, si por casualidad alguien llega a poseer una suma de dinero de esta magnitud y todavía tiene alguna de las imperfecciones señaladas, entonces sucederá que no será plenamente feliz.

El **tacaño** tiene en sí una creencia de **escasez**, es decir que tenga lo que tenga siempre sentirá que es poco.

El **gastador** tiene una sensación de querer llenar sus **vacíos** con lo que le puede dar el dinero. Esa conducta de falta de **dominio** de sí y esa sensación de vacío la arrastrará más allá de que tenga lo que tenga en dinero o bienes.

Entonces tal vez tenga mucho dinero, pero seguramente que estas imperfecciones saltarán a la vista en sus aspectos vinculares o emocionales o espirituales o en su estilo de vida.

Para estar pleno en esta etapa de lluvia económica, es también muy importante dar pasos en las otras áreas.

Por eso te recomendamos leer también sobre las otras áreas para que des pasos de forma pareja en cada una de ellas.

Hemos escrito libros y grabado audiolibros que te pueden ayudar a crecer en otras áreas.

En nuestra página puedes observar esas otras diferentes obras:

www.toioines.wix.com/volemosalto

Pero ahora es tiempo que escribas aquello que te estuvimos proponiendo.

Anota todo lo que harías si tuvieras la lluvia en cuanto al dinero se refiere.

¿En qué invertirías tu tiempo?

Imagínate llevando a tus seres queridos de viaje.

Imagínate ayudando a los jóvenes a formarse.

Imagínate socorriendo a una persona que necesita de tu fecundidad.

Imagínate dedicándote a tu vocación y despreocupándote de la generación de ingresos.

Imagínate viviendo en el lugar del mundo que quieras, en el tipo de casa que deseas, y realizando un estilo de vida que anhelas.

Escribe sobre todo esto que harías, y luego nos volvemos a encontrar.

¡¡¡Bienvenido nuevamente!!!

Segunda parte del ejercicio...

Ahora sería importante que realices un ejercicio **imaginario** y **emocional** sobre aquel estilo de vida sobre el cual estuviste escribiendo.

Siéntanle en un sillón o en un parque e intenta vivir la escena de tu libertad económica lo más vívidamente posible.

No basta con sólo imaginar la escena, sino que lo importante es también "**sentir**" la escena con todas las emociones posibles.

Fíjate también qué pasa en tu interior a medida que realizas el ejercicio.

Tómate al menos **veinte minutos** para realizar esta parte del ejercicio.

Luego escribe en tu cuaderno los **frutos** que quedaron en tu interior al vivenciar la etapa de la lluvia.

Y después de eso nos volvemos a encontrar.

¡¡¡Bienvenido nuevamente!!!

Hacia la Paternidad y Maternidad...

La etapa de fecundidad económica es toda una etapa en sí misma, porque en sí no tiene **techo** si la persona no se lo coloca a sí misma.

Es decir que se puede seguir creciendo **ilimitadamente**.

Tener la actitud del **crecimiento ilimitado** es una cuestión fundamental para alcanzar el máximo de nuestro potencial.

Ya la vida nos colocará sus propios límites. Por eso no necesitamos nosotros colocarnos límites psicológicos.

Nuestra actitud debería ser el anhelo constante de seguir creciendo, y también el anhelo de ir disfrutando todo el **trayecto**.

Vivir así es plenitud.

Pero hay algo muy interesante también sobre esta etapa.

Al llegar a la etapa de la lluvia nos transformamos en referentes para otros.

Este es un lugar de responsabilidad y de **paternidad** o **maternidad** sobre otros que merece ser tenida en cuenta.

Es decir que en algún sentido nuestras decisiones impactan sobre otras personas, aún aunque no nos demos cuenta.

Esto supone una responsabilidad de seguir creciendo en sabiduría para aprender a transmitir nuestras **virtudes** y minimizar nuestros **defectos**.

Algunas personas quieren llegar hasta aquí sin hacerse cargo de estas responsabilidades, y arrastran tras de sí a muchas personas que los veían como referentes para luego decepcionarlos profundamente matando la esperanza que esos "pequeños" llevaban dentro.

Es que todos nosotros, al observar a nuestros modelos y mentores, sentimos en parte el anhelo de ser como ellos.

Cuando uno de estos mentores realiza un escándalo, esta situación nos sacude profundamente.

Por eso esta etapa requiere de personas **responsables** que se hagan cargo de este rol de paternidad.

Hay un pasaje Bíblico que dice lo siguiente: "**al que se le da mucho se le pedirá mucho...**" (Lucas 12, 48)

Es decir que llegar aquí supone asumir responsabilidades y estar un poco en una **vidriera**.

La libertad nos sitúa en la fecundidad y en la paternidad o maternidad.

Pero cuando la persona que llega hasta aquí asume con alegría este nuevo rol, entonces comienzan a suceder verdaderos **milagros**.

Al ejercer este rol irradia esperanza en muchos otros.

Es decir que irradiará vida y esperanza aún en personas que nunca llegará siquiera a conocer personalmente.

¡¡¡Esto es maravilloso!!!

Ser **fuente** de vida y esperanza, ser fuente de alegría y fe, ser fuente de amor y fecundidad, es un posicionamiento realmente estupendo e irremplazable.

Nada puede igualar semejante belleza.

Por otro lado, cada acción tiene tanta repercusión que tal vez la persona que llegó hasta aquí comienza a realizar obras que van muchísimo más allá de lo que se hubiera imaginado.

Es como una gran piedra lanzada al océano, en el cual las ondas se expanden hasta los confines de la tierra.

Un lugar de fecundidad en el mundo para hacerlo más bello y rico.

Atreverse a este desafío es hermoso.

Por eso, querido compañero o compañera de jornada, te alentamos a que perseveres en el crecimiento de esta área y también de las otras, de manera que llegues al máximo de tus potenciales.

Hacia la abundancia...

Por otro lado, es propio de esta etapa, que la libertad económica genere unidad y riqueza a otros cuando es acompañada con una **sana espiritualidad**.

El movimiento católico de los Focolares, ha trabajado mucho en lo que ellos llaman "**economía de comunión**" que hace referencia a crecer en la construcción de una comunidad en materia económica.

Hoy día, en varios seminarios y congresos empresariales se habla de la "**Responsabilidad Social**" de las empresas.

Es que a medida que una empresa crece, nota que es necesario estar en armonía con la sociedad para dar el siguiente paso.

Nos tocó dar un taller sobre estos temas para la rama joven de la Asociación Cristiana de Dirigentes de Empresas (ACDE). Ese mismo día había varios oradores que abordaron la temática de la responsabilidad social de las empresas brindando testimonios riquísimos sobre la forma práctica de lograrlo.

Este grupo de empresarios siguen las ideas fundadas por **Enrique Shaw**, un empresario que fue un ejemplo sobre esto último que fuimos diciendo.

Sería lindo tal vez que busques en internet algo más sobre su vida de manera que puedas empaparte de los testimonios de vida de aquellos que te pueden inspirar a dar pasos.

Imagínate que tu crecimiento en libertad económica puede también derivar en libertad económica de tus allegados, de tu región, o de tu país.

Escuchamos un tiempo atrás que Robert Kiyosaki, autor del Best Seller "Padre Rico Padre Pobre", ayuda a los empleados de su propia empresa a alcanzar la libertad económica como parte de los objetivos empresariales.

¿Te das cuenta de la belleza de intentar ayudar a otros a ser libres financieramente una vez que alcances tú mismo la libertad?

Liberar al oprimido es una maravillosa obra de **misericordia**.

Esta motivación nos ha empujado a compartirte este libro, el libro "Camino a la Libertad", también "Teoterapia", también "TeoPsicología", también "TeoGenética", también el audiolibro "Taller para Caminar Hacia la Libertad" en sus diferentes áreas, también el audiolibro "Modelando Tu Personalidad" y otros materiales que encontrarás en nuestra página:

www.toioines.wix.com/volemosalto

Es decir que aquí nosotros también lanzamos una piedra al océano que no sabemos hasta dónde llegará.

Esperemos que al menos hoy llegue hasta **tu corazón** y despierte anhelos y ansias de libertad.

Naciste para ser libre y no esclavo.

Naciste para ser fecundo y pleno.

Naciste único e irrepetible.

Naciste para aportar tu belleza al mundo y cuanto más libre seas, más podrás aportar a la sinfonía universal.

Naciste para secundar la gracia creadora.

Naciste para irradiar vida plena y abundancia.

Naciste para que otros se edifiquen con tus dones interiores, con tu personalidad, con tus ideas.

Naciste para tender al crecimiento sin límites, porque Dios es ilimitado y te hizo a su imagen y semejanza.

Por eso, ¡¡¡viví tu vida con plenitud!!!

Evaluación final...

Quisiéramos, querido amigo lector, acompañarte en la alegría de caminar hacia la fecundidad en tu aspecto económico y vocacional.

Esperamos con entusiasmo tu testimonio sobre las ideas que te han servido de este libro.

Puedes probar por un tiempo y hacer el experimento de seguir la propuesta por un lapso hasta evaluar por los frutos.

Pero como decimos también en otros libros, que estas líneas no queden sólo con haberlas ¡leído!

¡Hazlas vida!

Cuando quieras puedes escribirnos a:

toioines2@yahoo.com.ar

Te proponemos que anotes en tu cuaderno personal sobre aquellas ideas o ejercicios que hiciste a lo largo del libro, y que te ayudaron a dar pasos en tu vida.

Luego, si quieres, puedes escribirnos para contarnos cómo te fue.

Te invitamos a seguir en contacto, y continuar creciendo juntos.

¿Cómo?...

Propuesta Final...

A lo largo del libro te fuimos haciendo ver que la vida no es sólo un área en particular.

Hay en ella múltiples áreas que le otorgan esa sensación de plenitud que todos buscamos.

Ahora es tiempo que continúes "trabajando" en tu crecimiento también en otras áreas y que **irradies** a otros todo lo aprendido.

Algunas sugerencias te pueden ayudar para continuar por este sendero hacia la libertad.

Hemos escrito otros libros y audios que te pueden ser de utilidad a la hora de poner en práctica las ideas que aquí te expusimos.

"Camino a la Libertad".

Esta obra te acerca **herramientas** para evaluar y dar pasos en todas las áreas de tu vida.

Es como una introducción testimonial de todo este libro que hoy estás finalizando.

En Camino a la Libertad te contamos de manera muy divertida el proceso de crecimiento personal y también de algunas personas que se lanzaron a dar pasos.

Allí se vuelcan las ideas teóricas iniciales que te pueden aclarar aún más lo expresado aquí.

Nuestra idea es ayudarte a alcanzar la libertad necesaria para elegir el **estilo de vida** que **deseas** y **mereces**.

A muchas personas este libro les cambió la vida en numerosos aspectos vinculares, emocionales, espirituales, económicos, en su estilo de vida, en la vocación, o en el disfrute.

"Teoterapia: Sano y Santo"...

Este libro te propone un camino de crecimiento en la vida espiritual a través de una serie de etapas de profundización.

Allí te introducimos a una fuerte experiencia espiritual y te presentamos una metodología que te facilitará crecer en esta área que es como la columna vertebral de tu vida.

Descubrirás un sendero de crecimiento en la vida interior, con **nueve etapas** hasta la cumbre de la mística espiritual.

Todo este material está diseñado para que lo puedas "bajar" a tu vida cotidiana de manera de experimentar como se fecunda tu vida diaria con gracias de oración contemplativa.

“TeoGenética: Apasionado y Santo. Tu Estilo de Vida y Disfrute”

En este libro focalizamos en el área del **Estilo de Vida** y el **Disfrute** pero desde una concepción totalmente revolucionaria.

¡Ahondaremos en cómo el medio ambiente modifica hasta tus genes!

Por “**medio ambiente**” se entiende todo tu entorno, donde vives, con quienes vives, ejercicios corporales, dietas sanas, etc.

Pero también notaremos cómo todo tu sistema de creencias influye hasta en tu genética.

Veremos también que dentro de ese sistema de **creencias** se incluye tu “espiritualidad” y la relación que tienes con todo tu interior.

También podrás observar la forma que tienes de “**percibir**” el mundo que te rodea y la diferencia entre percibirlo como “**hostil**” o como “**amistoso**”.

Es un tema que influye enormemente hasta en erradicar o anclar enfermedades agudas o crónicas.

¡Créenos que es un tema que te cambiará la vida para siempre!

Y creemos que con las herramientas y conceptos que te compartiremos, podrás diseñar un Estilo de Vida acorde a tus mayores anhelos y aprenderás a vivir con **Pasión** cada momento de tu vida.

Taller en forma de audiolibro...

"Taller Para Caminar Hacia la Libertad"

Esta es una obra en formato de **audiolibro**, de manera que la puedes escuchar en tu celular o en tu automóvil o en tu computadora.

Aquí desarrollamos el área de la Economía Personal y tu Vocación en formato de audiolibro y puedes escuchar en audio los mismos conceptos que leíste aquí.

De esta forma puedes acceder a éste material en un formato que te permite tener una flexibilidad increíble para nutrir tu mente de ideas fecundas.

Puedes escuchar estas ideas mientras realizas ejercicios, cuando caminas de un lado a otro, en los viajes en tu auto, mientras esperas en una cola para ¡¡¡pagar tus impuestos!!!

Pero también están las otras áreas en formato audiolibro o libro para que crezcas de forma pareja.

Este Taller en audio son una serie de **26 CDs** divididos en cuatro grandes áreas:

1. **Espiritualidad e Intimidad** **(6 CDs)**
2. **Afectividad y Vínculos** **(7 CDs)**
3. **Economía Personal y Vocación** **(7 CDs)**
4. **Estilo de Vida y Disfrute** **(6 CDs)**

Cada área tiene una introducción donde se definen conceptos concretos y claros para poder evaluar tu vida desde diferentes perspectivas.

Al escuchar los audios sabrás con mayor certeza sobre tu espiritualidad.

Obtendrás herramientas para crecer y alcanzar la libertad afectiva y vincular que deseas.

Observarás y trabajarás en la construcción del Estilo de Vida que deseas y sueñas.

Otros audios individuales...

También hay otra serie de audios de temas individuales que amplían lo trabajado en este taller según el área de interés en el que quieras profundizar:

Modelando Tu Personalidad: son dos CDs de 60 minutos cada uno.

También en formato más ampliado de libro.

Allí te presentamos herramientas concretas para transformar tu personalidad de manera que te ayude a alcanzar tu plenitud.

Algunos creen que la personalidad es algo con lo cual nacemos.

Nosotros creemos que la personalidad es algo que se **forma**.

Por eso ahora puedes formarla de la manera que quieras para producir los frutos que deseas.

Otros audios en gestación...

Puedes ingresar en nuestra página para encontrar mayor información.

www.toioines.wix.com/volemosalto

Y si quieres continuar creciendo en el área Espiritual...

Retiros espirituales...

Hace varios años atrás que formamos parte de una comunidad que organiza retiros espirituales fantásticos que nos han ayudado a dar pasos en esta área.

En ellos puedes también tú comenzar a recorrer un camino de crecimiento espiritual increíble.

Hay numerosos retiros de fin de semana y también una serie de retiros más extensos de **seis días** de duración que se llaman "**Convivencias con Dios**".

Los siete retiros de seis días son los siguientes...

- ✓ **Convivencia con Cristo**: Doctrina cristiana a la luz de la Historia de la Salvación. Retiro espiritual intensivo con formación cristiana integral.

- ✓ **Convivencia con Pablo**: Propone la teología paulina en puntos tales como el Señorío de Cristo, la gracia, la moral centrada en el amor, y la fidelidad a la Iglesia.

- ✓ **Convivencia con Pedro**: Hace vivir la Historia de la Iglesia, partiendo del Evangelio de Marcos, las cartas de Pedro y los Deuterocanónicos, infundiendo amor a la Jerarquía de la Iglesia, al Derecho Canónico, la liturgia, y las tradiciones católicas.

- ✓ **Convivencia con María**: Ahonda en conocimientos teológicos-bíblicos, a través del Cantar de los Cantares y de los escritos de San Juan. Hace progresar en la oración contemplativa.

- ✓ **Convivencia con el Espíritu**: Descubre nuevas facetas del Espíritu Santo, partiendo de su quehacer en el universo, en la Iglesia, y en cada hombre. Nos presenta los grados de oración contemplativa, discerniéndolos desde las ligaduras.

- ✓ **Convivencia con la Trinidad**: Proceso con que Dios nos fue revelando su vida íntima en la historia de Israel, en tiempos de Jesús, y en la Iglesia primitiva. Avanza en teología espiritual, y deja vislumbrar las cumbres de la mística. Noche del espíritu y Desposorio Místico.

- ✓ **Convivencia con Dios Amor**: Cumbre de la mística católica. Discernimiento profundo de la oración personal. Matrimonio Espiritual y Unión Transformante.

Es decir que ahora ¡¡no tienes excusas!!

¡¡¡Tienes todas las herramientas necesarias para crecer en libertad!!!

Ahora sabes que eres co-creador de tu propio futuro.

Queremos saber más sobre vos y de cómo te fue en la lectura de este libro

Queremos saber de tus logros y de cada paso de libertad.

Queremos saber de tu vida y tus anhelos, para alegrarnos contigo.

Para comunicarte con nosotros escríbenos al siguiente mail:

toioines2@yahoo.com.ar

Y también en nuestra página web:

www.wix.com/toioines/volemosalto

Tus victorias son parte de nuestro combustible, por eso esperamos ¡noticias tuyas¡

Continúa con constancia en este caminar y, si aceptas el desafío de bucear en ese sentido, lo demás será añadidura...

Inés y Víctor

Inés Cecilia Gianni y Víctor Manuel (Toio) Muñoz Larreta

Notas

Notas

Notas

Notas

www.ingramcontent.com/pod-product-compliance
Lightning Source LLC
LaVergne TN
LVHW051626080426
835511LV00016B/2206

* 9 7 8 9 8 7 2 6 9 4 5 3 1 *